歴史文化ライブラリー
179

武道の誕生

井上　俊

吉川弘文館

目次

柔術から柔道へ

「文明開化」のなかの武術

近代文化としての武道

武術や武芸の歴史は古いが、「武道」は近代の発明である。もちろん、江戸時代前期に書かれた井原西鶴《いはらさいかく》の『武道伝来記《ぶどうでんらいき》』（貞享四年〔一六八七〕刊）や大道寺友山《だいどうじゆうざん》の『武道初心集《ぶどうしょしんしゅう》』（享保一二年〔一七二七〕ごろ成立）などに見られるように、武道という言葉が近代以前に使われなかったわけではない。しかし、『武道伝来記』は諸国に伝わる敵《かたき》討《う》ちの物語に材を取った短編集であり、『武道初心集』は武士の心得を説いた書物である。つまり、ここでの「武道」は武士の規範意識や生活態度を指し、士道《しどう》あるいは武士道《ぶしどう》の意味で用いられている。

武術や武芸が「武道」と呼ばれるようになり、武士道思想とも結びついて独特の形をとりはじめるのは、明治も後半になってからのことである。そしてこの動向をよしとする人びとは、たとえばのちにふれる西久保弘道のように、大正期に入ってからでさえ、武道という名称が必ずしも一般化していないことを慨歎《がいたん》していたのである（一一五～一六ページ参照）。しかし昭和初期、一九三〇年代に入ると、武道は急速な発展を示し、同時に軍国主義イデオロギーとの結びつきを強めていく。

現在では軍国主義はもちろん、武士道的発想との結びつきも弱まり、単に剣道、柔道、弓道、薙刀《なぎなた》などの総称として武道という言葉が使われることが多いが、それでも、「人格の陶冶《とうや》」や「精神修養」の強調といった形で、なおいくぶんかはかつてのニュアンスが残されている。

武術の興行化

江戸時代に盛んであった武術・武芸は、明治になると、「文明開化」の風潮のなかで衰退を余儀なくされる。とくに幕府および各藩に仕えていた武術家たちは、幕政の瓦解と明治新政府による廃藩置県とともに生計の道を失い、武術を見世物にして生計の足しにせざるをえないような人びとも生じた。なかでも榊原鍵吉《さかきばらけんきち》らによる「撃剣会《げきけんかい》」興行は有名である（撃剣会については、石垣安造『撃剣会始末』島津書房、二〇〇〇年、が詳しい）。

図１　撃剣会の興行を描いた錦絵（講道館提供）

もちろん、すべての武術家が困窮したわけではない。たとえば幕末の代表的な剣客の一人、斎藤弥九郎の場合は、門人に長州藩の桂小五郎（木戸《きど》孝允《たかよし》）、高杉晋作、品川弥二郎、土佐藩の谷干城《たにたてき》など、倒幕側の人材が多かったため、維新後、新政府の官職につくことができた。一方、榊原鍵吉は自身も幕臣であり、門人もほとんどが幕臣であった。

榊原は旗本の家に生まれ、幼少のころから直心影流《じきしんかげりゅう》の男谷精一郎《おだにせいいちろう》に剣を学び、若くして幕府講武所の剣術教授方となり、一八六二年には直心影流一四代を継承して下谷車坂《したやくるまざか》に道場を構えたほどの剣客であるが、維新後、剣術の衰退状況のなかで、高弟の野見鍉次郎《ていじろう》とともに剣術を興行化することを企画し、一四代将軍徳川家茂《いえもち》公の追善試合を名目に東京府知事に興行を願い出て許可を取りつけ、一八七三年

（明治六）四月、浅草左衛門河岸で「官許撃剣会」として興行を行なった。

会場の設営などはほぼ相撲にならい、木戸銭をとって「貴賤男女のへだてなく」試合を見物させた。出場したのは、鍵吉の門人を中心に八八名。観客を増やすことをねらって、女流剣士三名、薙刀三名、計六名の女性を含め、また鍵吉の門人になっていた英国人二人も特別出場した。出場者を二組に分けて試合を行なったが、相撲と同じく行司《ぎょうじ》（見分役《けんぶんやく》）を立て、「勝負を分明にする」ことに努めた。

この撃剣会は主催者たちが予想した以上の成功を収めた。一〇日間興行の予定が、好評、盛況につき二日ほど延長になった。この成功を見て、多くの武術家たちが同様の興行を企画し、次から次へと撃剣会、さらには柔術《やわら》会、馬術会なども催されるようになった。当然、競争も激しくなり、客寄せのための余興が盛んになるなど、いわば内容の低俗化を招き、それに対する批判の声も高まってきた。つまり、武術を見世物にし大道芸にしてしまってよいのか、という批判である。そのうえ、生計の道を断たれた多数の武術家たちが集まることへの警戒心もあって、政府は、大蔵省事務総裁・参議、大隈重信《おおくましげのぶ》の名で、撃剣興行禁止の布達を出した。榊原鍵吉がはじめて撃剣会を開催してからわずか三ヵ月後のことである。これを受けて東京府、千葉県、京都府などでも、禁止の布告が出された。

武術復興の気運

榊原らの撃剣会は、生活の手段であるだけでなく、武術の再興を企図したものでもあったが、この企図も政府や府県の禁止令によって頓挫《とんざ》することになる。しかし、明治一〇年代に入ると、少し事情が変ってくる。一八七七年(明治一〇)の西南戦争で警察官から編成された「抜刀隊《ばっとうたい》」が活躍し、伝統的な武術(とくに剣術)の有効性が見直されたことなどもあって、警視庁などを中心に武術復興の気運が生じてくるのである。当時の新聞にも、たとえば次のような記事が見られる。

「此ごろ剣術が流行り出して、本郷辺の分署では、巡査が寄り合いて剣術の稽古を始めしと聞きしが、海軍兵学校の生徒も、体操時間に撃剣の稽古をすることになりしとか」(『東京日日新聞』明治一二年〔一八七九〕三月一一日)。あるいは関西においても、「先に撃剣道場を千日前に開かれし西田、秋山の両氏は、なお此の上多く同志を募り、いよいよその道を盛んにせらるると云う。作州津山辺は此ごろ撃剣の大流行にて、学校生徒輩にいたるまで、これに熱心しているよし、同地より帰坂せし人の語りき」(『朝日新聞』〔当時は大阪版のみ〕明治一三年〔一八八〇〕七月一五日)。そして、このころには撃剣興行もしだいに復活し、かつての禁止令を解く府県も多くなる。東京府は明治一一年(一八七八)七月に興行再開を許可し、「剣術業」を認めた。

しかし一方では、「去る六日、京都府にては撃剣指南などは目今《もっこん》無益の業なりとて、逸見、渡辺、林、江良の四名は開業禁止を申し渡されし……」などという新聞記事も見られる（『朝日新聞』明治一三年〔一八八〇〕三月一四日）。また、武術は文明開化の世に適さず、健康にも有害であるとする、京都府知事の同年四月二八日付けの諭達《ゆたつ》なども残されている。武術・武芸が復興し、広く普及していくためには、こうした考え方を打ち消し、文明開化の世にあっても必ずしも「無益の業」ではないことを人びとに納得させる必要があった。あるいは、旧来の武術・武芸を新しい文明開化の社会に適応させる必要、つまり「近代化」する必要があったといってもよい。そして、以下に見るように、この近代化過程のなかから「武道」が形成されてくるのである。

モデル・ケースとしての講道館柔道

武術の近代化という点で先駆的な、そしてきわめて重要な役割を果たしたのは、嘉納治五郎《かのうじごろう》（一八六〇―一九三八）と彼がはじめた講道館柔道《こうどうかんじゅうどう》であった。たしかに榊原鍵吉らの撃剣会も、剣術を興行化した点、また観客に勝敗をわかりやすくするために試合のルールを定め審判を置いた点などにおいて、「近代化」の要素を含んでいたともいえる。しかしそれは、いわば意図せざる近代化であった。これに対して嘉納治五郎は、旧来の柔術を近代社会に適応させるために再構成するということをはっきりと意識し、名称もそれまで一般的であった柔術《じゅうじゅつ》や柔《やわら》をやめて「柔道」とした。

一八八九年（明治二二）、つまり講道館を開いてから七年後の講演のなかで嘉納は、「柔道とは耳新しい言葉」であろうが、と断ったうえで次のように述べている。

これは畢竟《ひっきょう》、従前の柔術について出来るだけの穿鑿《せんさく》を遂げました後、その中の取るべきものは取り、捨てるべきものは捨て、学理に照らして考究いたしまして、今日の社会に最も適当するように組立てましたのでございます。そうしてその柔道と申すものは、体育勝負修心の三つの目的を有《も》っておりまして、これを修行いたしますれば、体育も出来、勝負の方法の練習も出来、一種の智育徳育も出来る都合になっておりま す。（大日本教育会の依頼による講演「柔道一班ならびにその教育上の価値」、講道館監修『嘉納治五郎大系』第二巻、本の友社、一九八八年、所収）

嘉納治五郎が旧来の柔術を近代化し巧みに再構成したこと、そしてそれが世間に受け入れられ普及していったことによって、講道館柔道は、単に柔術だけでなく、剣術や弓術をも含む武術の近代化、ひいては武術・武芸から武道への転換の、いわばモデル・ケースとなった。本書がとくに講道館柔道に注目するのは、そのためである。

柔術の「近代化」　では、嘉納はどのような点で柔術を「近代化」したのか。彼の試みは多岐にわたり、また多年にわたるので、簡単にまとめるのはむずかしいのだが、主要な点をあげるなら、ほぼ次のようになろう。

1　従来の柔術各派のさまざまな技を比較検討し、分類し、理論的に体系化したこと。
2　入門者・修行者のモチベーションを高めるために段級制を導入したこと。
3　試合のルールと審判規程を確立したこと。
4　講道館を財団法人化し、近代的な組織として発展させたこと。
5　柔道修行の教育的価値を強調したこと。
6　講演や著作、雑誌の発行などを通して、講道館柔道を広めるための言論活動に力を入れたこと。
7　早くから柔道の「国際化」を構想し、海外への紹介・普及に努力したこと。
8　女性の入門を認め、講道館に女子部を設け、女性層への柔道の普及を図ったこと。
9　紅白試合、学校や地域の対抗試合などを促進することによって、柔道を「見るスポーツ」としても発展させたこと。

以下、これらの点について、講道館柔道の発展過程と関連づけながら、見ていくことにしよう。

講道館柔道の誕生

柔術修行

嘉納《かのう》治五郎《じごろう》が下谷《したや》区北稲荷町の永昌寺《えいしょうじ》の書院を道場として講道館を開いたのは、一八八二年（明治一五）五月のことである。このとき、嘉納は数え年で二三歳、前年七月に東京大学文学部の政治学および理財学を卒業していたが、引き続き一年間、同じ文学部の哲学選科に在学する道を選び、道義学および審美学を学びながら、同時に学習院研修科の嘱託講師として政治経済科の講義を担当していた。

嘉納家はもともと灘《なだ》の酒造家であるが、治五郎の父、次郎作は幕府の廻船方御用を勤めていた。維新後、新政府に起用されて官途につくことになり、上京。治五郎も父にともなわれて東京に出、成達《せいたつ》書塾、三叉《さんしゃ》学舎、育英義塾、官立外国語学校などに学び、さらに東

図2　晩年の嘉納治五郎（講道館提供）

京大学の前身、開成学校に入学する。

　嘉納の自伝によると、育英義塾の寄宿舎に入っていた一二、三歳のころ、「学科の上では他人におくれをとるようなことはなかった」にもかかわらず、身体が弱く、したがって強い者の「下風《かふう》に立たせられ」「往々他から軽んぜられた」ので、「たとえ非力なものでも大力に勝てる」という柔術を習いたいと思い、教えてくれる人を探したが、なかなかみつからなかった。さきにもふれたように、文明開化の流れのなかで旧来の武術・武芸は衰退を余儀なくされていたからである。

　それでも、ようやく一八七七年（明治一〇）、一八歳のときに、福田八之助という人をみつけて入門する。福田は天神真楊流《てんじんしんようりゅう》の柔剣術を学び、幕府の講武所で教えていたが、維新後は自分で道場を開いていた。道場といっても、兼業の整骨院の待合所を兼ねた一〇畳足らずの小規模なもので、門人も数人にすぎなかったという。嘉納はここで熱心に稽古を積むが、二年ほどして福田は病没、遺族の希望で福田道場を引き継ぐことになる。

しかし嘉納みずから述べているように、「福田氏の没後、一時その道場をあずかって稽古を続けてはおったが、自分にはまだ一本立ちでやりぬくだけの自信もなく、さらに一段の修行を積みたいという熱望のやむときがなかった」。なにせ二年ほどの稽古歴しかないのだから、これは当然であろう。そこで嘉納は、福田の師匠に当たる磯正智《いそまさとも》の門をたたくことになる。この人は、天神真楊流の開祖、磯又右衛門の高弟で、当時は天神真楊流の三代目の家元として神田お玉が池に道場を開いていた。すでに高齢であったため、みずから乱取《らんどり》の指導をすることはなかったが、形《かた》については以前から名手といわれ、こちらは自分で指導をした。嘉納も「形については先生に学ぶところははなはだ多かった」と述べている（嘉納治五郎講述、落合虎平筆録「柔道家としての嘉納治五郎」第一回、第二回、『作興』第六巻第一号、二号、昭和二年〈一九二七〉一月、二月）。

飯久保恒年との出会い

この磯正智も、しかし、入門後二年ほどした一八八一年（明治一四）六月に亡くなり、嘉納はさらに新しい師を求め、友人、本山正翁の紹介で、飯久保恒年《いいくぼつねとし》の教えを受けることになる。本山正久の父、本山正久は東大法学部第一回の卒業生で嘉納よりやや先輩であったが、学生時代のベースボール仲間で、嘉納

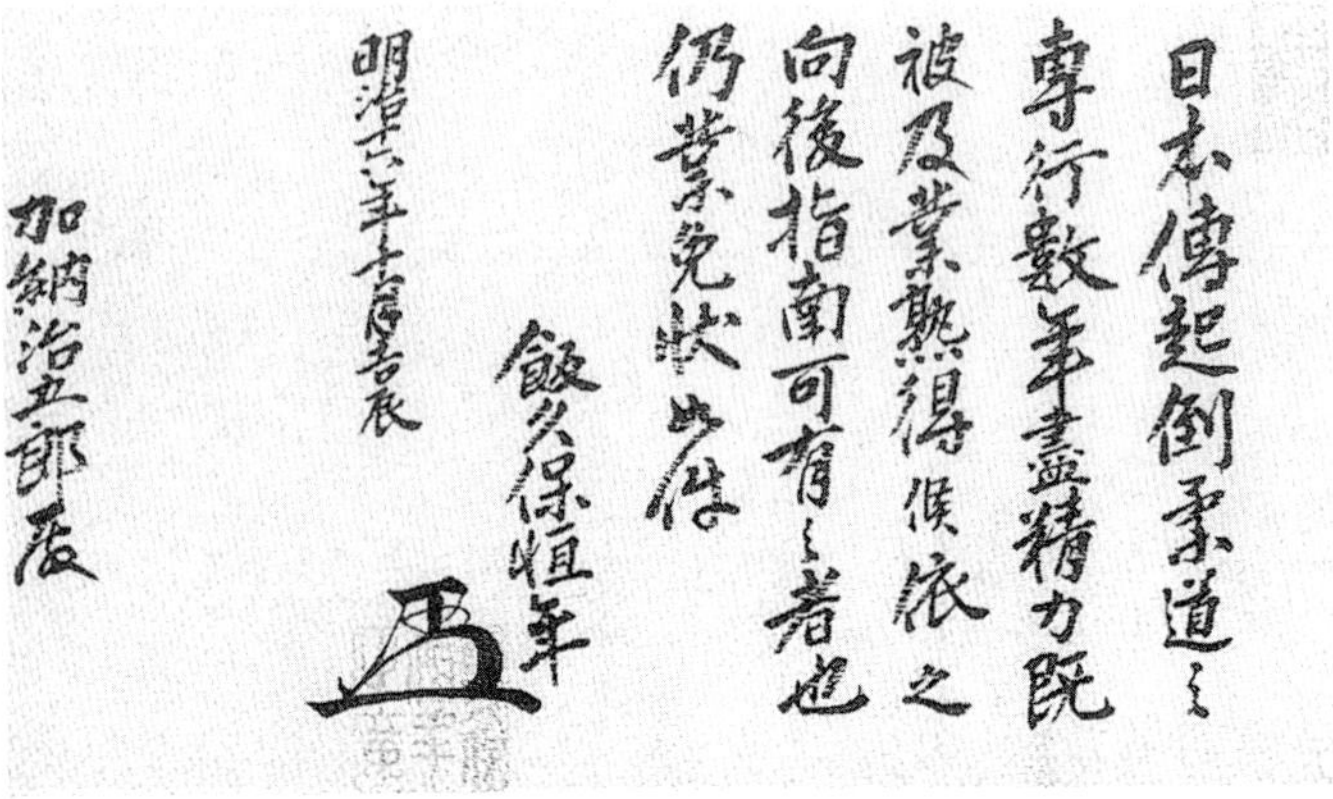
日本傳起倒柔道〻
專行數年盡精力既
被及業熟得候依之
向後指南可有〻者也
仍業免状如件
飯久保恒年
明治十六年十月吉辰
加納治五郎殿

図3　嘉納治五郎あて起倒流免状（講道館提供）

がピッチャー、本山がキャッチャーであったという。

飯久保恒年は、起倒流《きとうりゅう》柔術の達人といわれ、幕府講武所の教授方であったが、維新後は神田の逓信局に一吏員として勤めていた。飯久保を通して嘉納がはじめて接することになった起倒流は、もともと投げ技にすぐれ、また他流の多くが形の稽古に重点を置いていたのに対し、自由に技を掛けあう乱れ稽古、つまり乱取《らんどり》を重視していたといわれる。これまで天神真楊流を学んできた嘉納は起倒流に新鮮な驚きを感じ、これを熱心に学ぶとともに、飯久保の人柄と力量にも敬意を抱き、講道館開設後もしばしば指導を仰いだ。

「自分が道場をおこしたころは、先生はもう五十歳以上であったが、なかなか強く、乱取ではまだ自分の及ぶところではなかった。そこで自分は、門人を教えながら、先生についてもならい、また乱取の指導も受けておった」と嘉納は述べている。嘉納が飯久保から長足の進歩を認められ、「もう足下《そっか》に教えるところはない」として起倒流免許皆伝を授けられたのは、一八八三年（明治一六）一〇月、講道館開設後一年半ほどしてからのことである（前掲「柔道家としての嘉納治五郎」第六回、『作興』第六巻第六号、昭和二年〔一九二七〕六月）。

講道館を開設するころ、嘉納はすでに柔道という名称を用いていた。だから、講道館なのである。道を講じるとは、武術の道場というより学問所のような感じだが、嘉納自身、講道館を「柔道を教授する教育所」と考えていた。この当時から嘉納は教育に熱意をもち、講道館開設とほぼ同時に嘉納塾をはじめ、また弘文館という英語学校も開設した。弘文館は一八八九年（明治二二）、嘉納の渡欧に際して閉鎖されたが、嘉納塾は一九一九年（大正八）まで存続し、多くの人材を生んだ。初期の講道館員のなかには、塾生または監督者として嘉納塾にかかわっていた者が少なくない。

「柔道」の由来

従来の柔術や体術、あるいは柔《やわら》にかえて柔道という名称を用いた理由について、嘉納はいろいろな機会に説明を試みている。それらを整理してみると、大別して三つの理由があげられていることがわかる。

第一に、当時は、柔術を含めて伝統的な武術に対する世人のイメージがあまりよくなかったので、新しい別の名称が必要だったということがある。

世間の大体からいうと、武術などはほとんど省みられない状態であったから、武術は極端にすたれていたといってよい。それゆえ、武術家は糊口《ここう》の道にすら困ってきて、かの有名なる剣客榊原鍵吉でさえ、撃剣試合を興行して、木戸銭を収めて糊口の資となし、ある柔術家は、相撲取りと取り組んで木戸銭をあつめたということがあった時代だ。こういう世の有様であるから、いま柔術を教えようとしても、多くの人は省みることをすまい。……むしろ在来の名称とは別の名をもって行うがよいと考えた。（前掲「柔道家としての嘉納治五郎」第三回、『作興』第六巻第三号、昭和二年〔一九二七〕三月）

当時多くの人は、柔術だの体術というものを予が考えておるようには見ていなかった。その身体精神の上に裨益《ひえき》あることを思わず、むしろ咽喉《のど》を絞め、関節を挫《くじ》き、骨を折り、打撲、擦傷等をすることと連想しておった。（「講道館柔道概説」第一回、『柔道』第一巻第二号、柔道会、大正四年〔一九一五〕二月）

つまり、文明開化の潮流のなかで一方では粗暴、野蛮、危険といったイメージがあり、他方では武術が見世物化して「何か賤しいもの」のようなイメージもあったため、「柔術という名で教え始めては、上流の人は嫌がるであろう」「せめて名称でも新たにしなくては門人も得られまい」と嘉納は考えたのである。

原理と伝統

柔術にかえて柔道と称した第二の理由として、「術」という言葉はむしろ応用面を意味するので、応用に対する原理を示す語として「道」を選んだということを嘉納は述べている。つまり「根本となる道があって、術はむしろその応用である」ことを明らかにしたかったというのである。

もちろん、まったく新しい名称をつけることもできたが、「先師からこの名〔柔術〕によって教えられた技術がもととなって今日をなしたのであるから、名までも全然変更するのも本意ではないと考え、柔の一字をのこし、柔道としたのである」。

しかし、なぜ「道」なのか。応用に対する原理を示すだけなら、柔道以外にもいろいろの表現が考えられるであろう。嘉納自身「なぜ柔理学とか柔理論とかいわずして柔道となしたか」と問い、みずから答えて、柔理学や柔理論では、柔の字が残っているとはいえ、やはり「あまりに新規な名称」で、「何か全く自分で発明したもののように」きこえるおそれがあるからだと述べている。そこで、一、二の流派では古くから用いられていた柔道という名称を採用したというのである。ここで嘉納は、先師から伝えられた技術、さらにその背後にある武術の長い歴史と伝統への敬意を表明している。そしてそのことが、柔道という名前を用いた第三の理由ともなっている。

なお、柔術や体術ではなく柔道という名称を用いていた流派の代表的なものとして、嘉納は出雲の直信流《じきしんりゅう》をあげている。この直信流と、嘉納が飯久保から学んだ起倒流との関係についてはさまざまな説があるが、これら二流はもともと流祖を同じくするという説が有力である。とにかく近縁関係にあったことはたしかであり、起倒流もしばしば起倒流柔道あるいは起倒柔道という名称を用いていた。一八八三年（明治一六）に飯久保が嘉納に授けた前記の免状にも「日本伝起倒柔道」とある（一四ページ図3）。嘉納もこれにならって、改まった場合などに「日本伝講道館柔道」という名称を用いた。今日でも、段位認定証書などでは、この名称が用いられている。

理論化への努力

「学理に照らして……」

偶然とはいえ、数ある柔術諸派のうち、かなり対照的な性質をもつ天神《てんじん》真楊《しんよう》流《りゅう》と起倒《きとう》流《りゅう》を学んだことは、嘉納にとってたいへん有益であった。起倒流を習いはじめたとき、「これまで習得した天神真楊流と比べてかくまでも隔りのあるものか」と驚き、新たな熱意をもって研究と稽古に励んだと嘉納は述べている。「我が流〔天神真楊流〕では咽喉《のど》をしめるとか、逆をとるとか、押し伏せるとかいうことを主としている。投げもやるにはやる、巴投《ともえなげ》とか、足払いとか、腰投とか、やるにはやったが、起倒流とはよほど掛け方などに違いがあることを発見した」。形《かた》についても、「起倒流の形は天神真楊流のそれとはまるで主眼とするところを異にしている」（前掲

「柔道家としての嘉納治五郎」第二回）。

つまり、天神真楊流は絞め技、関節技、抑込み技などのいわゆる固め技が中心、起倒流は投げ技が中心であったので、結果として嘉納は、柔術の多様な技をかなり幅広く学ぶことができた。と同時に、特定の流派を学ぶだけではなかなか全体はわからないということも実感した。

元来予は天神真楊流の柔術を習い、後に起倒流を学んだのであるから、最初はこれら二流の折衷《せっちゅう》したようなものを教えておったのである。しかるにこれら二流はよほど趣を異にしているので長短相補うことがあり、一流の柔術ではとても本統のことは判《わか》らぬ、二流でも不十分である、願わくはあまたの流にわたって研究してみたいという志を懐《いだ》くに至った。（前掲「講道館柔道概説」第一回）

こうして嘉納は、天神真楊流と起倒流以外の諸流派についても、各派の秘伝書などを買い集め、研究を進めていく。なにぶん武術の衰退期であったから、かつては貴重なものとして秘蔵されていた伝書類なども古本屋や古道具屋で比較的簡単に入手できたという。

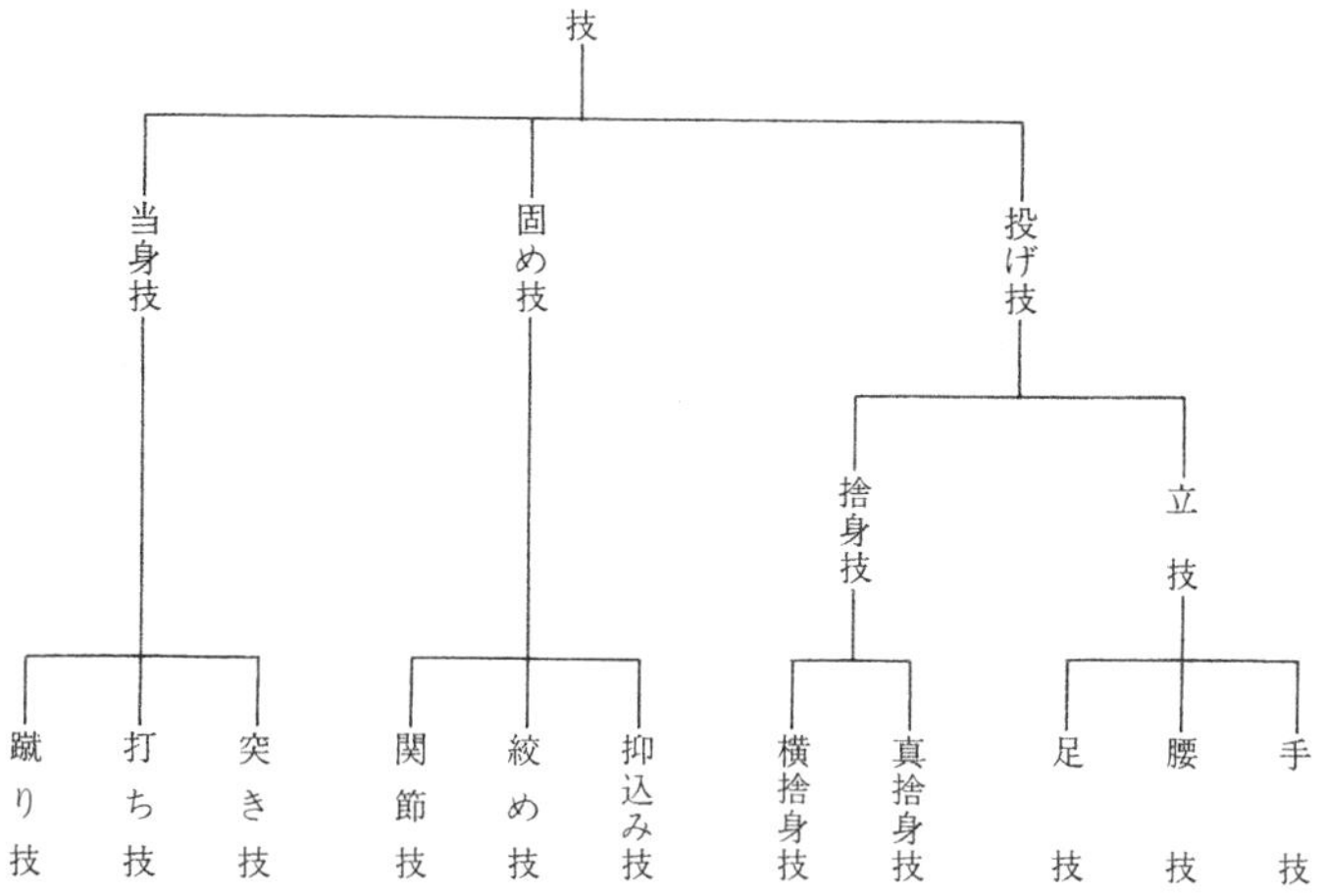

図4　柔道の技の分類

柔術各派のさまざまな技を比較検討し、分類し、それぞれの長所を生かしながら集成していく過程で、嘉納は同時に、梃子《てこ》の原理や重心の理論などに基づいて各種の技の理論化を図り、できるだけ少ない力で効果的に相手を制する技術のシステムとして講道館柔道を編成していこうとする。さきに引用した講演のなかで「学理に照らして考究致しまして……」といっているのは、そういう意味である。

この試みの大枠が固まり、講道館柔道が天神真楊流と起倒流とを「折衷したようなもの」から脱して「ほぼ今日の形」になったのは、嘉納自身の認識では、一八八七年（明治二〇）ごろのことであるという（前掲

「講道館柔道概説」第一回)。図4のように、多様な技をまず投げ技、固め技、当身技《あてみ》の三種類に大別し、投げ技をさらに立技《たち》と捨身技に分け、立技のなかにさらに手技、腰技、足技を区別するといった分類法も、このころにほぼ確立された。

こうした理論化、体系化によって、講道館柔道はいわば「説明可能」なものになった。したがってまた、その教授法にも変化が生じた。

教え方の変化

旧来の柔術では、技について言葉で理論的に説明するということはほとんどなく、とにかく体で教え、おぼえさせるというやり方が中心であり、またそれがよしとされていた。たとえば、最初の師、福田八之助の教え方について、嘉納は次のように述べている。

ある時、先生からあるわざで投げられた。自分は早速《さっそく》起きあがって、今の手はどうしてかけるのですときくと、「おいでなさい」といきなり投げ飛ばした。自分は屈せず立ち向かって、この手は手をどう足をどういたしますと、しつこくきき質《ただ》した。すると先生は「さあおいでなさい」といってまた投げ飛ばした。自分もまた同じことを三たびききかえした。今度は「なあにお前さん方がそんなことをきいて解《わか》るものか、ただ数さえかけれぱ出来るようになる、さあおいでなさい」とまたまた投げつけた。

こういうあんばいで、稽古はすべてからだに会得させたものだ。（前掲「柔道家としての嘉納治五郎」第一回）

このような経験から嘉納は、もちろん体でおぼえることの重要性を否定したわけではないが、言葉による理論的な説明と理解も大切だと考えるようになり、稽古の方法として、形の練習や乱取《らんどり》のほかに「講義と問答」をあげ、実際に講道館の稽古のなかにそれを組み入れた。

科学の勝利？

嘉納治五郎は合理主義者であり、「学理」（科学）の力を信じる人であった。それゆえ自分の柔道を科学の基礎のうえに建設することに熱意を注いだ。そして、柔道が旧来の柔術よりもすぐれている大きな理由の一つはそこにあると考えていた。晩年のインタビューのなかで彼は次のように述べている。

もちろん講道館柔道とても、すべての技について徹底的に科学に基づいた研究が出来ているわけではないが、大体において科学を応用して技を決定することに努めてきたから、往時の柔術諸派との優劣はおのずから明らかになり、その結果、全国の修行

者はほとんど皆、講道館の柔道を学ぶようになったのである。（「柔道神髄」『改造』昭和一〇年〔一九三五〕六月号）

まるで、講道館柔道の発展と普及は「科学の勝利」であるかのようにきこえるが、もちろん事情はそれほど単純ではない。

講道館柔道の発展

善戦する講道館

学習院における嘉納治五郎

講道館開設後間もなく、嘉納治五郎《かのうじごろう》は東京大学文学部哲学科選科を卒《お》え、以前から嘱託で出講していた学習院に勤めることになる。当時、学習院はまだ華族会館経営の私学であったが、一八八四年（明治一七）には宮内省所管の官立学校となり、院長として、西南戦争時の熊本城堅守で令名の高い陸軍中将、谷干城《たにたてき》（一八三七―一九一一）が赴任してくる。谷院長は若い嘉納の学識と人格を認め、翌年、彼を幹事という要職に抜擢《ばってき》した。間もなく谷は伊藤内閣（第一次）の農商務相となって学習院を去り、代わって大鳥圭介《おおとりけいすけ》が院長に就任、嘉納は教頭に任じられる。しかし、大鳥の次の院長、三浦梧楼《みうらごろう》（元東京鎮台司令官、のちに枢密顧問官）と嘉納はうまくいかなかった。たとえば、海外への留学生として嘉納が実力本位で選んだ士族出身の学生を、三浦は華族でないという理由でキャンセルし、華族出身の学生を留学させるというようなことがあり、その他にも学習院の運営・教育上のさまざまな面で意見の対立が生じた。そこで三浦院長は嘉納を海外視察に出すことを考え、嘉納もこれを了承した。こうして嘉納は、学習院教授の身分はそのままで宮内省御用掛として欧州視察を命じられることとなり、一八八九年（明治二二）九月、はじめての海外旅行に出発した。フランス（パリ）とドイツ（ベルリン）を中心に、スイス、オーストリア、ロシア、デンマーク、スウェーデン、オランダ、イギリスなどをまわって嘉納が帰国したのは一八九一年（明治二四）一月、約一年四ヵ月にわたる海外滞在であった。

嘉納の留守中、愛弟子《まなでし》の一人、西郷四郎が出奔《しゅっぽん》するという事件はあったが、講道館そのものはほぼ順調であった。というのも、嘉納が出発するころにはすでに講道館の基礎は固まっていたからである。嘉納によれば、一八八六年（明治一九）三月から一八八九年（明治二二）四月までの「いわゆる富士見町時代」こそ「講道館の最も盛んなる研究時代かつ活躍時代」であった。

図5　富士見町道場での稽古風景（菱田春草筆、講道館提供）

富士見町時代

富士見町時代というのは、品川《しながわ》弥《や》二《じ》郎《ろう》（一八四三―一九〇〇）が特命全権公使としてドイツに赴任したあと、嘉納とその門人たちが留守番がわりに麹町区富士見町の品川邸に住み、邸内の空き地に道場をつくって講道館の本拠とした時期のことである。そして、「盛んなる研究時代」とは、柔術諸派の技の比較検討と理論化・体系化が進展し、天神真楊流《てんじんしんようりゅう》と起倒流《きとうりゅう》との折衷《せっちゅう》にとどまらない講道館独自の技のシステムが形成されたことを意味しているが、この点についてはすでにふれた。では、「盛んなる……活躍時代」とは何か。これは、新興の講道館柔道が旧来の柔術諸派と対戦し、それらを圧倒していったことを指している。

講道館柔道と柔術諸派との対決の舞台となったのは、主として警視庁の武術大会であった。警視庁という組織は、川路利良《かわじとしよし》（一八三四―七九）の建議により、パリ警視庁をモデルとして一八七四年（明治七）に設置された首都圏警察機構であり、東京警視庁と呼ばれていたが、東京府庁には属さず、内務省直属であった。建議者の川路が初代の大警視（警視総監）を務めた。一八七七年、西南戦争の直前にいったん廃止され内務省警視局に統合されるが、一八八一年に再設置される。西南戦争のとき警察部隊（その一部が抜刀隊《ばっとうたい》）を率いて活躍した川路は、警察官には剣術の心得が必要であるとして剣術の稽古を奨励した。

その方針は川路の後を継いだ大山巌《おおやまいわお》、樺山資紀《かばやますけのり》らにも継承され、さらに剣術だけでなく柔術も奨励されるようになり、一八八三年（明治一六）には、屯所詰《とんしょづ》めの巡査は剣術と同様に柔術も修行すべしとの通達が出された。警視庁の武術世話掛に任用される柔術家の数も少しずつ増え、関口流の久富鉄太郎らに加えて、良移心当流《りょういしんとうりゅう》の中村半助、戸塚派楊《よう》心流《しんりゅう》の照島《てるじま》太郎、好地《うけち》円太郎など、柔術各派の実力者たちが登用されるようになった。

警視庁武術大会

一八八五年（明治一八）に、武術好きの三島通庸《みちつね》（一八三五―八八）が川路利良から数えて五代目の警視総監に就任すると、警視庁の武術はますます盛んになった。このころから、講道館柔道も警視庁主催の武術大会に招聘《しょうへい》されるようになり、いわば公式の場で柔術各派と対決する機会が多くなった。この対決の模様、たとえば好地円太郎と西郷四郎、中村半助と横山作次郎、照島太郎と山下義韶《よしつぐ》の試合などについては、名勝負として今に語り伝えられてはいるが、反面、事実と神話がいりまじって実情がはっきりしない点も少なくない。しかしとにかく、講道館側がしばしば柔術諸派を圧倒し、人びとに講道館柔道の力を印象づけていったということはたしかなようである。その結果、講道館からも警視庁武術世話掛が採用されるようになり、山下義韶、横山作次郎、さらに佐藤（岩崎）法賢、戸張滝三郎らが嘉納の命を受けてその任に当たった。

伝来の柔術諸派に対する講道館柔道の善戦健闘は、ときに嘉納自身の予想をさえ超えるものであった。当時、百を超えるといわれた柔術諸流派のなかで、幕末から維新期にかけて最も勢力をもっていたのは、千葉に本拠を構える戸塚派楊心流であったが、この戸塚一門との対決について、嘉納は次のように述べている。

明治二十、二十一年ころになって、講道館の名声が知れ渡るにつれて、警視庁の大勝負となると、自然戸塚門と講道館と対立することとなる。二十一年ころのある試合に、戸塚門下も十四、五名、講道館からも十四、五人、各選手を出したとおもう。その時四、五人は他と組んだが、十人ほどは戸塚門と組んだ。戸塚の方では、わざしの照《てる》島《じま》太郎や西村定助《さだすけ》という豪のものなどが居ったが、照島と山下義韶とが組み、西村と佐藤法賢とが組合った。川井は片山と組んだ。この勝負に、実に不思議なことには、二、三引分けがあったのみで、他はことごとく講道館の勝ちとなった。講道館の者はもちろん強くはなっていたが、かほどの成績を得るほどまでに進んでいたとは自分は考えていない。全く意気で勝ったのだとおもう。実力は戸塚もさすが百錬の士であって、容易《たやす》く下風につくものではなかった。さきにいう通り、維新前では、世の中で戸塚門を日本第一の強いものと認めておったのだ。しかるに、この勝負があってから、いよいよ講道館の実力を天下に明らかに示すことになったのである。（前掲「柔道家としての嘉納治五郎」第七回）

嘉納本人は、しかし、講道館創設以来この種の場で他流の者と戦ったことは一度もない。試合にはいつも弟子たちを送っている。このへんにも嘉納の慎重さがうかがわれる。「富士見町」当時、嘉納はまだ二〇代の後半で、山下、西郷、横山らの高弟たちとも四、五歳しか違わず、彼らと毎日のように稽古をしていたのだから、みずから試合に出て戦っても少しもおかしくはないのだが、もし万一、何かの拍子に不覚をとるようなことでもあれば、で潰れてしまう恐れがあった。

まだ基盤も弱く、「学士様の畳水練《たたみすいれん》」などと陰口をきかれてもいた講道館柔道はそれだけ

講道館の四天王

講道館の草創期に活躍がめざましかったのは、講道館の四天王といわれた高弟たち、すなわち入門順に富田常次郎、西郷四郎、山下義韶、横山作次郎の四人であった。

富田常次郎（一八六五―一九三七）は、旧姓山田、伊豆の国、天城《あまぎ》山中の農村の出身。嘉納治五郎の父、次郎作が海軍省の用事で天城を訪れたときに見出されて嘉納家の書生となり、治五郎の柔術修行中は格好の稽古台、講道館創設と同時に最初の入門者となって治五郎と苦楽をともにした。のちにベストセラー『姿三四郎』（昭和一七年〔一九四二〕刊）を書くことになる作家、富田常雄の父親でもある。

その姿三四郎のモデルといわれるのが西郷四郎（一八六六―一九二二）。会津藩士、志田貞二郎の三男として会津若松に生まれ、新潟県津川町で育つ。一八八二年（明治一五）三月に上京、八月に創設後間もない講道館に入門した。身長一五五チセン、体重五六キロほどの小《こ》兵《ひょう》ながら、技の切れは天才的であったといわれ、「柔《じゅう》よく剛《ごう》を制す」の理念を絵に描いたような活躍ぶりで、人気も抜群であったという。西郷は山嵐《やまあらし》という独特の投げ技を得意

図8　山下義韶（講道館提供）

図6　富田常次郎（講道館提供）

図9　横山作次郎（講道館提供）

図7　西郷四郎（講道館提供）

とした。これは、右（または左）手で相手の右（または左）襟をとって掛ける、背負投と払腰《はらいごし》の中間のような技であるが、西郷以後この技に秀でた者なく、現在では幻の技となっている。

山下義韶《よしつぐ》（一八六五―一九三五）は、小田原藩の武術家の家に生まれ、一八八四年（明治一七）八月、西郷に二年ほど遅れて講道館に入門。しかし嘉納と知りあったのは古く、一八七八年ごろ、嘉納の開成学校時代という。稽古熱心と誠実な人柄で、嘉納の信頼も篤《あつ》かった。一八八九年（明治二二）には警視庁武術世話掛となり、また東大、慶応義塾、海軍兵学校などでも柔道を教えた。一九〇三年（明治三六）、夫人とともに渡米、シオドア・ローズヴェルト大統領に柔道を教えるなど、海外への柔道普及に先駆的な役割を果たした（六二～六五ページ参照）。

西郷とは対照的に体格に恵まれていたのが横山作次郎（一八六四―一九一二）で、東京府東部（豊多摩）の農村の出身。はじめ天神真楊流の井上敬太郎の道場で柔術を習っていたが、一八八六年（明治一九）、講道館に入門して、めきめきと腕を上げた。警視庁の武術大会における良移心当流、中村半助との五五分に及ぶ死闘は、今なお語り継がれている。その体格と豪快な試合ぶりから「鬼横山」と恐れられたという。

西郷四郎の出奔

講道館草創期の四天王のうち富田、山下、横山は、その後も生涯にわたって嘉納治五郎と講道館を助け支えたが、西郷四郎は一八九〇年（明治二三）六月、外遊中の嘉納の帰国を待つことなく、八年間在籍した講道館を出奔《しゅっぽん》してしまう。前年九月の出発にあたり、嘉納は留守中の講道館の運営を岩波静弥、大倉（本田）増次郎、西郷四郎の三人に託した。その西郷がなぜ大任を途中で放棄して出奔してしまったのか。無責任なうわさから中傷に近いものまで、さまざまの風説がささやかれたが、結局のところ真相はよくわからないままである。

しかし出奔に際して、西郷が詫び状とともに「支那渡航意見書」という長文の書面を嘉納の留守宅に送っていることなどから見て、当時の若者たちの間に広まっていた「大陸雄飛の夢」が彼の行動に関係していたことは否定できないようである。出奔後まず長崎に向かったというが、渡航の形跡はなく、間もなく郷里に帰って道場を設立したり、仙台二高の柔道師範を勤めたりした後、一九〇二年（明治三五）、長崎において鈴木天眼《てんがん》とともに『東洋日の出新聞』の創刊にかかわり、編集責任者となった。天眼を通じて孫文《そんぶん》とも面識があった。一九一一年（明治四四）に辛亥《しんがい》革命が勃発すると、特派記者として上海に渡り、さらに武漢や漢口から現地取材記事を送った（西郷四郎の生涯については、牧野登『史伝西郷四郎――姿三四郎の実像』島津書房、一九八三年、が詳しい)。

晩年の西郷は病気がちで、一九二二年(大正一一)一二月、尾道で病没した。五七歳であった。訃報《ふほう》に接した嘉納治五郎は、「講道館柔道創闢《そうびゃく》ノ際、予ヲ助テ研究シ、投技ノ蘊《うん》奥《のう》ヲ窮《きわ》ム。其ノ得意ノ技ニ於テハ、幾万ノ門下、未タ其ノ右ニ出テタルモノナシ。不幸病ニ罹リ他界セリト聞ク。惋惜《わんせき》ニ堪ヘス。依テ六段ヲ贈リ、以テ其ノ効績ヲ表ス」という昇段証書を追贈した。

発展と普及への道

入門者の増加

講道館開設の最初の年の入門者は、富田（山田）常次郎、西郷（志田）四郎を含めて九人にすぎなかった。筆頭が富田で、西郷は七番目の入門者である。翌一八八三年（明治一六）は八人、八四年も山下義韶《よしつぐ》を含めて一〇人と、三年間で三〇人に満たない。

しかし富士見町に移った八六年には横山作次郎を含めて九九人、翌八七年には二九一人、八八年には三七八人と急激に増えはじめ、嘉納が外遊するころには一〇〇〇人を超える門人を抱えるまでに発展していた。それは一つにはもちろん、警視庁武術大会などでの講道館柔道の健闘によるものだが、同時にこのころ、極端な欧化主義に対する反動として復古主義的な風潮が生じてきたことの影響もあった。

その後、日清戦争（一八九四〜九五年）、日露戦争（一九〇四〜〇五年）の影響による武術の興隆などもあって、講道館はますます発展し、明治末期から大正期（一九一〇年代）になると、だいたい年間一〇〇〇人程度の入門者がコンスタントにあるという状態になり、一九二〇年（大正九）には累計の門人数が約二万三〇〇〇人に達する（四四ページ図10参照）。

この発展の過程で、講道館柔道は警察と学校、そして軍隊に浸透していく。いうまでもなく、これはたいへん強力な線である。

高等教育機関への普及

警視庁の武術大会で好成績を収めることによって、講道館からも警視庁武術世話掛が採用されるようになったことについてはすでに述べたが、嘉納の強みは警察よりもむしろ学校にあった。嘉納はほぼ一貫して教育者としてのキャリアを歩み、学習院教授、第五高等中学校（五高）校長、第一高等中学校（一高）校長、東京高等師範学校校長などを歴任したので、講道館柔道を学校（とくに高等教育機関）に普及させていくうえで、たいへん有利な立場にあったからである。

たとえば、講道館開設の翌年には早くも学習院に柔道場を設置し、希望者に教えはじめた。また一八八七年（明治二〇）ごろからは、帝国大学（東京大学）、慶応義塾、海軍兵学校などにも講道館柔道が導入され、嘉納は山下義韶、西郷四郎、佐藤法賢らを講師として派遣する。そしてもちろん、五高、一高、高等師範などでは、みずから講道館柔道を奨励し、指導に当たった。

このようにして高等教育機関に講道館柔道が普及していくことは、そこを卒業して各界で活躍するエリート層に柔道が普及することを意味し、したがってまた柔道の社会的認知が高まっていくことをも意味した。実際、比較的早い時期の講道館入門者のなかには、若槻礼次郎《わかつきれいじろう》（一高・東大卒）、広田弘毅《ひろたこうき》（同）ら、のちの日本のリーダーたちの名がある。また、海軍兵学校で柔道が盛んになったことは、軍部（とくに海軍上層部）への浸透という点で大きな効果をもたらした。海兵からのごく初期の入門者としては、大正末期から昭和初期にかけて何度か海相を務めることになる財部彪《たからべたけし》（一八八八年入門）、日露戦争の際の旅順閉塞作戦《りよじゆんへいそく》で戦死し「軍神」と讃えられることになる広瀬武夫（一八八七年入門）らが知られている。

講道館柔道を取り入れる高等教育機関が増えてきたことに応じて、一八九七年（明治三〇）、講道館は東京府下第一回学校柔道連合試合を主催して、学校柔道の振興を図った。また、翌一八九八年四月には、講道館から派遣された飯塚国三郎を師範とする二高柔道部が仙台から上京、永岡秀一を師範とする一高（東京）と対校試合を行なった。各一七名の団体勝ち抜き戦で、二高の副将、秦一郎次が一高の大将、平山金蔵を破って二高が勝った。翌年は一高が仙台に遠征、各二〇名の選手で戦ったが、今度は、広田丈太郎（弘毅）らの活躍もあって、一高が雪辱した。しかし、一高側の一部の選手の試合振りが引分けを策してフェアでなかったという声が二高側にあり、これを地元の新聞が取り上げたりしたため、問題が紛糾し、一高と二高の試合はその後一〇年ほど中断することになる。

しかし一高―二高戦を契機に、慶応―三高（京都）戦、五高（熊本）―七高（鹿児島）戦など、学校対抗の団体戦が盛んになり、のちの高専大会（高等学校専門学校柔道優勝大会、一九一四年（大正三）開始）に発展し、今日の学生柔道の基盤が形成されていく。

武術の正課編入運動

しかし、学校体育の正規のカリキュラムのなかに武術を編入することに関しては、はじめのうち、伝統的な武術は近代的な学校教育になじまないとみなされ、否定的に扱われる傾向が強かった。一八八三年（明治一六）五月、文部省は「撃剣柔術等に就き教育上の利害適否」を調査するよう体操伝習所に命じたが、翌年一〇月に答申された伝習所の結論は「学校体育の正課として採用することは不適当なり」というものであった。調査に当たったのは、東大医学部長の三宅《みやけ》秀《ひいず》、同じく東大医学部のエルウィン・ベルツら、医学者が中心で、もっぱら医学・生理学的見地から脳に対する悪影響や怪我の危険性などが指摘され、それが武術編入反対論の有力な根拠となった。

これに対して嘉納治五郎は、むしろ精神教育、人格形成という見地から柔道の教育的価値を主張した。さきに引いた大日本教育会の講演（一八八九年、八ページ参照）の結びで、嘉納は次のように述べている。

さて今日我が国の教育上の有様を見ますに、世間でかれこれ不足を申しますものの、よほど整頓して参りましたと申さなければなりますまい。しかし教育の方向はむしろ知識の方に傾いて、人物を出すことについてはまだ手の尽し方が足りなくはないかと疑われます。また特に中学以上について申せば、修身上の教えなどの上にはまだよい方法が整うておらないように思われます。そこで私の考えでは、先からお話し申ましたところの柔道と申すものは体育に最も適当のものでございまして、兼ねて修身のみではなく一層広く修心の教えでございますから、この学科を全国の教育の科目の中に入れましたならば、目下教育上の欠点を補うことの出来るのみか、気象を引き立て愛国の情を強う致しますことはむろんのことでして、……我が国を世界文明強国の一におらしめるに至るも遠からざることと存じます。（前掲「柔道一班ならびにその教育上の価値」）

もっとも、嘉納は必ずしも柔道の正課編入を強く主張したわけではない。正課編入のためには、まず一定の教職資格を満たす教員の養成が必要であるから、「柔道を全国の学校に採用するはもとより可なりといえども、今日ただちに採用することは少しく困難なるべし」というのが当時の嘉納の立場であった（「体育として見たる柔道」『武徳誌』第一篇第三号、明治三九年〔一九〇六〕）。

武術の正課編入を実際に推進したのは、日清、日露戦争にともなう国粋主義的風潮の高まりと、それを背景にして正課編入請願運動を展開した関重郎治、柴田克己、小沢一郎、星野仙蔵ら、剣術系の人びとの活動であった。関、柴田、小沢は一八九六年（明治二九）の第一〇回帝国議会以来、剣術の正課編入請願を毎回のように行ない、星野は剣術・柔術の正課編入を求める「体育に関する建議案」を一九〇五年（明治三八）の第二一回帝国議会以後三回にわたって提出した。これらの請願や建議案はしばしば可決され、政府に送付されたので、文部省もついに一九一一年（明治四四）、中学校令施行規則の一部を改正して、撃剣および柔術を正課の体操のなかに加えることができるとし、翌年には師範学校についても同じことを認めた。

組織上の発展

すでに見たように、講道館への入門者は年々増加し、明治二〇年代後半（一八九〇年代前半）には、累計三〇〇〇人から四〇〇〇人にまで達した。門人が増えれば、大きな道場が必要になる。品川弥二郎の帰国によって、講道館の道場は品川邸内の富士見町から本郷区真砂町《まさごちょう》に移ったが、この真砂町道場はもともと品川の斡《あっ》旋《せん》で陸軍の建物を借用して設置したものであり、二年ほどで立ち退かざるをえなくなった。そこで嘉納は、一八九三年（明治二六）に小石川区下富坂町《しもとみさか》に百余畳の道場を新築、翌九四年からここを講道館の本拠とした。講道館が入門料（一円）を取るようになったのも、この年からである。それまで講道館は入門料も道場費もいっさい取っていなかった（なお、月に三〇銭の道場費を取るようになるのは一九〇四年から）。

この下富坂道場も、しかし、一〇年ほどで手狭となり、一九〇六年（明治三九）には、新たに二百余畳の道場に師範席、参観者席などをあわせると三百余畳となる大道場が増築された。旧道場は、翌年、小石川区大塚坂下町の嘉納邸の隣接地に移築され、開運坂道場

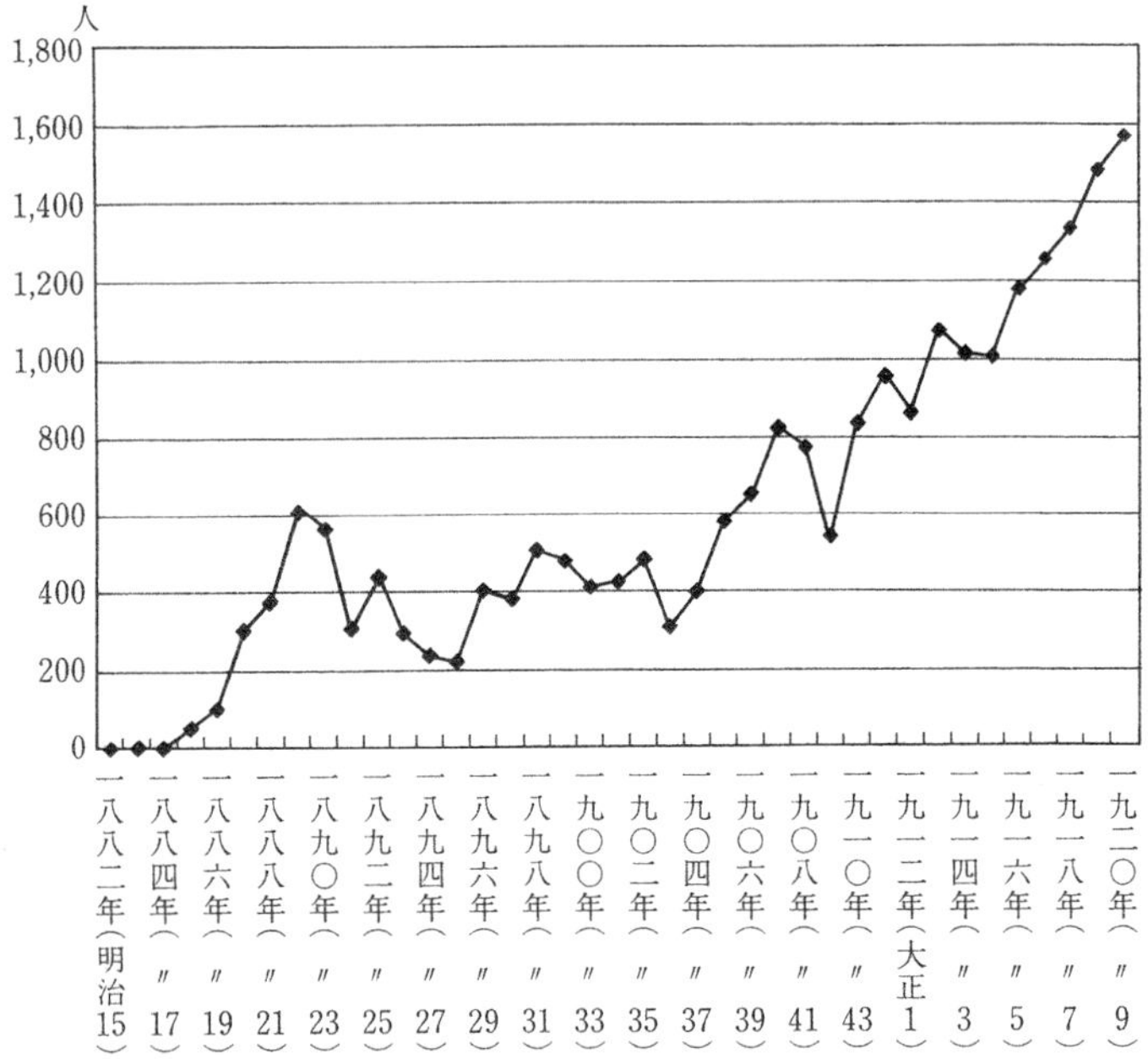

図10　講道館への年度別入門者数（1882―1920）

図11　大塚坂下町の開運坂道場（講道館提供）

と呼ばれた。このころ、講道館の門人は累計八〇〇〇人を超えていた。

こうした状況にかんがみ、嘉納は講道館の財団法人化を企画し、一九〇九年（明治四二）五月、これを実現した。これまで嘉納個人の町道場であった講道館を法人組織とし、理事に若槻礼次郎、矢作《やはぎ》栄蔵、監事に渋沢栄一、柿沼谷蔵らを据えて、近代的な組織としての発展の基礎を固めた。なお、一八九五年（明治二八）に設立され、武術の総合団体として発展していた大日本武徳会も、同じ年の六月に財団法人となった。この組織については、のちにやや詳しくふれる。

言説の力

嘉納治五郎が柔道の技を理論化し、したがって言葉によって合理的に説明できるものとしたことについてはすでに述べた。しかし、嘉納が説明可能にしたのは技だけではなかった。柔道の原理、目的、意義、修行方法など、つまりは講道館柔道全体を彼は説明可能《アカウンタブル》なものとして構成し、あらゆる機会をとらえて柔道を解説し正当化し勧奨する言説活動に従事した。また、段級制の導入、昇級・昇段の手続き、講道館の諸行事、試合のルールと審判規程の整備など、講道館のさまざまな試みについても繰り返し説明し、アピールした。

また、そうした言説活動のための自前のメディアとして、嘉納治五郎主宰または監修の雑誌を発刊し、経済的事情から断続的ではあったが、ともかく約四〇年間にわたって刊行し続けた。一八九八年（明治三一）一〇月から一九〇三年（明治三六）一二月まで、五年間にわたって六三号を出した『国士』を皮切りに、『柔道』（柔道会、大正三〜七年〔一九一四〜一八〕）、『有効乃活動』（大正八〜一一年〔一九一九〜二二〕）、『大勢』（大正一一年〔一九二二〕）、『作興』（大正一三〜昭和一三年〔一九二四〜三八〕）、『柔道』（講道館文化会、昭和五〜一三年〔一九三〇〜三八〕）など、今日「講道館雑誌」と総称されているものがこれである。

図12　嘉納治五郎主宰または監修の雑誌類（講道館提供）

嘉納は柔道家であると同時に、柔道について倦《う》まず弛《たゆ》まず語り続けた「言説の人」でもあり、その精力的な言論活動を通して、もはや武士階級の存在しない近代社会における柔道（ひいては武道）の存在意義《レゾン・デートル》を確立することに成功した。その意味で講道館柔道の発展と普及は、全体として見れば、実戦の勝利というよりもむしろ「言説の勝利」であったといえよう。

もちろん、警視庁の武術大会などで講道館が健闘し、しばしば旧来の柔術各派を圧倒したことを軽視しようというのではない。しかし、講道館柔道の長期的な発展の過程から見れば、この種の勝利はいわば草創期のエピソードともいうべきものであり、むしろ嘉納が柔術という伝統武芸を「近代化」し、「今日の社会に適当するように」再構成したこと、そしてそのことを活発な言説活動などを通して広く世間に認知させていったことこそが、講道館柔道の成功の最大の要因なのである。

段級制度

富田・西郷への初段授与

講道館柔道の普及と発展に大きく貢献したと考えられる要因の一つに段級制がある。講道館開設の翌年、一八八三年（明治一六）八月、嘉納は富田常次郎と西郷四郎に講道館初段を授与した。段位制は囲碁《いご》や将棋《しょうぎ》の世界では以前から行なわれており、とくに囲碁では江戸時代の初期までさかのぼることができるというが、これを武術に導入し、明確なシステムをつくったのは嘉納の功績である。従来の武術では、流派によって、目録《もくろく》、切紙《きりがみ》、印可《いんか》、免許《めんきょ》、皆伝《かいでん》などいろいろの名称が用いられていたが、江戸時代後期ではだいたいにおいて三段階程度の区別が基本であった。「段《だん》」を用いた例もないわけではなく、天神真楊流《てんじんしんようりゅう》などでは初段、中段、上段という区分があったという。しかし嘉納は、三段階程度の区分では「修行者の奨励上あまり間が遠すぎる」と考えた。つまり、もっと小刻みにして修行者のモチベーションを高めようというのである。

実際、富田、西郷のその後の昇段の状況を見ると、同じ年の一一月には二人とも二段に、二年後の一八八五年八月には西郷が三段をとばして四段に、翌八六年九月には富田が同じく三段をとばして四段に、そして八八年二月には富田が、八九年一月には西郷がそれぞれ五段に昇段と、かなり小刻みでスピーディである。ただし六段以上となると、さすがに時間がかかるようになり、富田が六段になるのは一九〇四年（明治三七）、七段に昇段するのは一九二七年（昭和二）である。西郷は五段のときに出奔《しゅっぽん》してしまうので、以後の昇段はなく、死去に際して、さきに見たように六段を追贈されるという経緯になる。

段級制の確立

初段以下の段外者については、はじめ甲乙丙の三段階を設けたが、のちにさらに細かく、級外にはじまって五級から一級へと進んでいく六段階に改めた。また、級に関しては成年組の級と少年組の級とを区別した。このようにして、「柔道修行者に対してその進歩の程度に応じて段または級を授与する」システムが形成された。なお、有段者が黒帯を締めるようになったのは富士見町時代からであるという。

はじめての段位授与から一五年ほど経った一八九八年（明治三一）の調査によると、有段者は一五二名、講道館員三七八三名の約四％に当たる（ただし、この調査は「東京に於いて入門したるもの」だけを対象としているので、地方入門者を入れると、有段者数、館員数ともにいくぶんか増えることになろう）。この時点での最高位は六段で、山下義韶《よしつぐ》、横山作次郎の二人、五段は富田常次郎、戸張滝三郎、そしてすでに講道館を去った西郷四郎の三人、四段に佐藤法賢、永岡秀一ら六人、といった顔ぶれである。三段には広瀬武夫、磯貝一《はじめ》、飯塚国三郎、二段に矢作《やはぎ》栄蔵、初段に若槻礼次郎《わかつきれいじろう》、財部彪《たからべたけし》らの名がみられる（「講道館彙《い》報《ほう》」『国士』第四号、明治三二年〔一八九九〕一月）。

段位制について嘉納は、六段に達すれば「乱取《らんどり》および形《かた》の修行に熟達したもの」とみなして乱取・形の指南を許可し、「昔ならば皆伝とでもいうべき階級」である十段には「柔道全般に対して師範たる資格」を与えるとし、さらに努力次第で「十一段にも十二段にも進むことを得る」といっていたが、実際には十段を超える段を授与することはなく、今日でも講道館の最高段位は十段である。講道館最初の十段は山下義韶。一九三五年（昭和一〇）に山下が七一歳で死去した際、嘉納は生前の日付にさかのぼって十段を追贈した。なお、生存中に十段に列せられたのは、永岡秀一と磯貝一が最初である（一九三七年〔昭和二二〜一二月）。

講道館式段級制の普及

講道館式の段級制は、その後しだいに他の武術にも広まり、定着していく。剣術の場合、はじめは警視庁を中心に、段位制ではなく級位制が用いられていた。二級から八級までに格付けされた警視庁の級制度は、一八八五年（明治一八）にできたといわれる。講道館より二年ほど遅いので、嘉納の段位制に示唆をえてつくられたのではないかとも思われるが、確証はない。剣術の級位制は大日本武徳会でも用いられていた。しかし同じ武徳会でも、柔術部門は磯貝一（一八七一―一九四七）や永岡秀一（一八七六―一九五二）ら、嘉納の弟子たちが中心であり、実質的に講道館がコントロールしていたので、段位制が採用されていた。武徳会はまた、一九〇二年（明治三五）に「範士《はんし》」「教士《きようし》」という称号制度を設け、一九三四年（昭和九）にはこれに「錬《れん》士《し》」を加えて三段階とした。

嘉納は、柔・剣・弓などの主要な武術が共通のランキング・システムをもつのが望ましいと考え、校長を務めていた東京高等師範学校では、一九〇八年（明治四一）から剣術にも講道館柔道と同じ段位制を採用し、また一九一二年には武徳会に対して段位制に統一してはどうかという提案を行なった。武徳会内部では、剣術の級位制には警視庁以来の伝統があり、いまさら柔道の真似をする必要はないという意見もあったが、一般には講道館式の段位制が普及しており、世間的な通りのよさもあったため、段位制化に賛成の意見も少なくなかった。そこで、範士・教士級の剣術家百余名に対してアンケート調査をしてみたところ、圧倒的に段位制採用に賛成する者が多かったという。このこともあって、一九一七年（大正六）、武徳会は剣術・柔術共通に、初段から十段、そして段下に一級から六級という講道館式の段級制を採用することになり、一九二三年からは弓道にもこれが適用されるようになった。なお、警視庁の級位制は、武徳会の段位制採用後も一九五三年（昭和二八）まで存続したが、その意義はいわば局所化され減退した。

モチベーションの付与

嘉納が段級制をはじめたのは、もともと「修行者の励み」になるようにという意図に基づく。修行者に励みを与え、モチベーションを高めることを重視する彼の考え方は、たとえば練習の方法として「形」よりも「乱取」を主体とした点にもあらわれている。旧来の柔術では「形の修行」が重視されていたが、講道館柔道ではむしろ、自由に技を掛けあう乱取稽古が中心に置かれた。

形と乱取の関係について、嘉納は前者を文法に、後者を作文にたとえている。文法を知らなければ作文はできないが、文法を知っているからといって作文が上手だとはかぎらない。形（文法）を学ぶだけでなく、乱取によって臨機応変の対応を練習することも大切である。そのうえ、「形より乱取の方が面白味が多い」ので、修行者を飽きさせないという利点もある。そういうわけで、講道館の稽古では乱取が主体となるのだが、のちには、形の練習がおろそかになってしまうことについて、嘉納自身、警告を発したりもしている（たとえば「一般の修行者に形の練習を勧める」『有効乃活動』第七巻第一一号、大正一〇年〔一九二一〕一一月、「道場における形乱取練習の目的を論ず」『柔道』第一巻第二～六号、講道館文化会、昭和五年〔一九三〇〕五～九月、「形と乱取の職能について」『柔道』第五巻第一二号、講道館文化会、昭和九年〔一九三四〕一二月、など）。

ともかく、修行者に励みを与え飽かせまいとする一種のサービス精神、あるいは修行者や入門者をいわば顧客《クライアント》として扱う態度のようなものが、嘉納には見られる。もちろんこれは、彼自身もいうように、「柔術のもっともすたっている時代において、まだ世に名もない弱年の文学士のところに、柔術を学びにこないのは当然のことである」から、「たまたま来た人をばこれを大事に待遇して、あきさせずに継続せしむることが最も必要」という、講道館開設初期の事情による面もあったが、必ずしもそれだけではなく、入門者や弟子との関係における嘉納の新しさ、ある種の「近代的」感覚をも示しているといえよう。

海外への普及

初期の紹介者たち

ラフカディオ・ハーンと嘉納校長

海外、とくに欧米諸国への柔道の紹介は一九世紀の終りころからはじまる。この最も早い時期における紹介者の一人がラフカディオ・ハーン（小泉八雲、一八五〇―一九〇四）である。ハーンは、ギリシャ中部のレフカダ島で、アイルランド出身の英国人の父とギリシャ人の母との間に生まれ、イギリスとフランスで教育を受け、アメリカで新聞記者をしていたが、一八九〇年（明治二三）、ハーパー社の契約ライターとして来日、間もなく松江中学（正式には島根県尋常中学校）の教師となり、小泉セツと結婚、九一年一一月には熊本の五高に転任する。このとき、着任するハーンを熊本駅（春日駅）に出迎えたのが五高校長の嘉納治五郎である。

嘉納は一八九一年一月に外遊から帰国後、学習院教授を辞し、五高の校長に就任した。九月に赴任して間もなく、校内の生徒控所に畳を入れて道場とし、「瑞邦館《ずいほうかん》」と名づけてさっそく柔道の指導をはじめていた。ハーンは嘉納校長に敬意を抱き、柔道にも強い興味を示した。松江時代の同僚で親しい友人でもあった西田千太郎に宛てた一一月三〇日付けの手紙のなかで、ハーンは次のように書いている。

あなたもきっと嘉納氏が好きになるだろうと思います。この人は私がこれまで会った日本人の教師とは大分違います。性格は同情心に富み、まったく飾らず正直です。これは人格の出来た人の特徴だといえるでしょう。一度会っただけで年来の知己であるかのような気がします。

ハーンの柔道論

一八九三年(明治二六)に入って間もなく、嘉納は文部省参事官として東京に帰り、同年六月から一高校長となるが、ハーンは翌九四年の秋まで五高に在任した。一八九五年に出版されたエッセイ集『東の国から』(*Out of the East*)に入っている「柔術」は、一八九三年の秋、五高在任中に書かれたものである。

このエッセイのなかでハーンは、まず「瑞邦館」とそこでの稽古の情景を描き、ついで

図13　ラフカディオ・ハーン

柔術の原理について、その根本は「力に手向かうに力をもってせず、そのかわりに、敵の攻撃する力をみちびき、利用して、そうして敵自身の力をかりて、敵をたおし、敵自身のいきおいをかりて、敵を征服する」ことにある、と説明する。「いったい、こんな奇妙な教えを編みだしたものが、いままで西洋人のうちに、ひとりでもあっただろうか？」。

こう考えると、「柔術というものの真の驚異は、その道の名人師範の最高の腕前にあるのではなくて、じつは、そのわざ全体にあらわれている、東洋独自の観念にある」のだ。それは、もはや単なる護身術ではなく「ひとつの哲学であり、経済学であり、倫理学でさえある」。日本が「西洋の工業、応用科学、あるいは経済面、財政面、法制面の経験を代表するものの粋を選んで、これを自国に採用」しながら、しかも自国の文化的伝統を守り、発展を続けてきたのは、まさに相手の力を利用する柔術の原理の賜物ではないのか。その意味で、「柔術こそは、この東洋においてこんにち以上の侵略を夢みている、かの列強国にもまだしかとは気づかれていない、日本の民族的天稟《てんぴん》を、おのずからあらわしたもの」なのである（ハーン「柔術」『東の国から・心』平井呈一訳、恒文社、一九七五年）。

チェンバレンの『日本事物誌』

ハーンを松江中学に、そしてさらに五高に紹介したのはB・H・チェンバレン（一八五〇—一九三五）である。チェンバレンはハーンと同年であるが、ハーンよりもずっと早く、一八七三年（明治六）に来日し、すでに日本語および日本文化研究家として著名であり、いわば大先輩といった感じなので、ハーンは日本に着いたその日にチェンバレンに手紙を送り、就職の希望を述べている。これに応えてチェンバレンは、松江中学の英語教師の職を紹介した。

一八九〇年（明治二三）に出版されたチェンバレンの『日本事物誌』（*Things Japanese*）は、明治期の日本について英語で書かれた最良の小百科事典ともいうべき作品であるが、この本に柔道が登場するのは一八九八年（明治三一）の第三版からである。一八九一年の第二版から「レスリング」という項目が立てられたが、そこで扱われているのは相撲であり、柔道についての言及はない。しかし第三版では、相撲の説明のあとに次のような文章が書き加えられた。

柔術といわれるものは別の技芸であって、肥った力士のやる普通の相撲よりも、地位は高く、りっぱな尊敬を受けている。警察官は公に柔術を教授され、学習院や他の学校にも柔術の授業がある。その理論は、他の多くの日本の技芸の場合と同じく、昔は師匠から師匠へと秘伝として伝えられたものであった。しかし、その指導的理念は常に極めて明瞭であった。すなわち、力と力で勝負するのではなく、力に従うことによって勝つ――つまり、柔軟性によって勝つことである。柔術の課程の中には、……肉体的訓練よりも、むしろ道徳的訓練に関した事柄が含まれている。（高梨健吉訳『日本事物誌』2、平凡社東洋文庫、一九六九年。高梨訳は一九三九年の第六版の訳であるが、この部分は第三版と同じ文章で変化はない。）

「柔術」は柔道なり

ハーンもチェンバレンも、具体的には主として嘉納の講道館柔道を念頭に置いて書いている。また二人とも、一八八九年（明治二二）に嘉納とトマス・リンゼーとの共同名義で公刊された英文の論文「Jiujutsu（柔術）」を参考にしている。これはもともと一八八八年四月に日本アジア協会の定例会で発表されたもので、翌年、協会の『紀要』（第一六号）に掲載された。内容は柔術の歴史を概観したものであるが、柔術と柔道の関係についても、たとえば「現在の柔道は柔術から生まれた」とか、嘉納が柔術各派の歴史や技を比較研究して「今日柔道という名で呼ばれている折衷的な体系《システム》をつくりあげた」といった記述がある（Rev. T. Lindsay and J. Kano, Jiujutsu : The Old Samurai Art of Fighting Without Weapons, *Transactions of the Asiatic Society of Japan*, Vol. XVI, 1889）。にもかかわらず、ハーンもチェンバレンも「柔道」には言及していない。ハーンのエッセイのタイトルは「柔術」であるし、チェンバレンも講道館を「嘉納氏の柔術学校」と記している。

ハーンのエッセイは、一八九九年（明治三二）に嘉納治五郎主宰の雑誌『国士』（第五号）に「西眼に映ぜる柔道――ラフカディオ、ヘルン氏の所観」として抄訳されたが、その際、訳者は、もとのエッセイのタイトルが「柔道」ではなくて「柔術」となっていることを「怪しむ者」があるかもしれないと心配し、「緒言」のなかで、五高における嘉納とハーンの交流にふれながら「氏が柔術というもの、まさに我が講道館柔道に他ならざるなり」とわざわざ断っている。

しかし、柔術と柔道を区別していないということでハーンやチェンバレンを責めるわけにはいかない。当時はまだ、多くの日本人にとってもこの区別ははっきりしていなかった。

嘉納や講道館関係者は別として、一般の人びとにとっては、新登場の柔道よりも伝統的な柔術のほうがポピュラーな名称であった。

たとえば、講道館開設の一〇年後、一八九二年（明治二五）に刊行された巌谷小波《いわやさざなみ》『当世少年気質《とうせいしょうねんかたぎ》』の第一話「鶏群《けいぐん》の一鶴《いっかく》」の主人公はスポーツ万能の少年で、柔道も得意なのだが、この少年について作者は「学課の方はちと二の次だが、その代わりに馬術、体操と、運動のことにかけては、人の後《うしろ》には立たず。殊《こと》に柔術は自然身に備わり、未だ漸《ようや》く十三の少年で、嘉納学士直伝《じきでん》の段付き」と書いている。嘉納治五郎の活動、そして講道館の段位制などがすでにかなり知られていることがわかるけれども、ここでもやはり「柔道」という名称は特定されておらず、少年が学んでいるのは「柔術」とされている。

大統領の入門

文章による紹介よりは少し遅れるが、最も早い時期に海外で実際に講道館柔道を指導したのは山下義韶《よしつぐ》である。草創期の講道館において四天王の一人と謳《うた》われた山下は、アメリカの鉄道王といわれたジェームズ・ヒルの養子サミエル・ヒルの招きで、一九〇三年（明治三六）九月、夫人とともに渡米した。慶応義塾で山下に柔道を学び、当時イェール大学に留学していた柴田一能《いちよし》がヒルから相談され、山下を紹介したという。

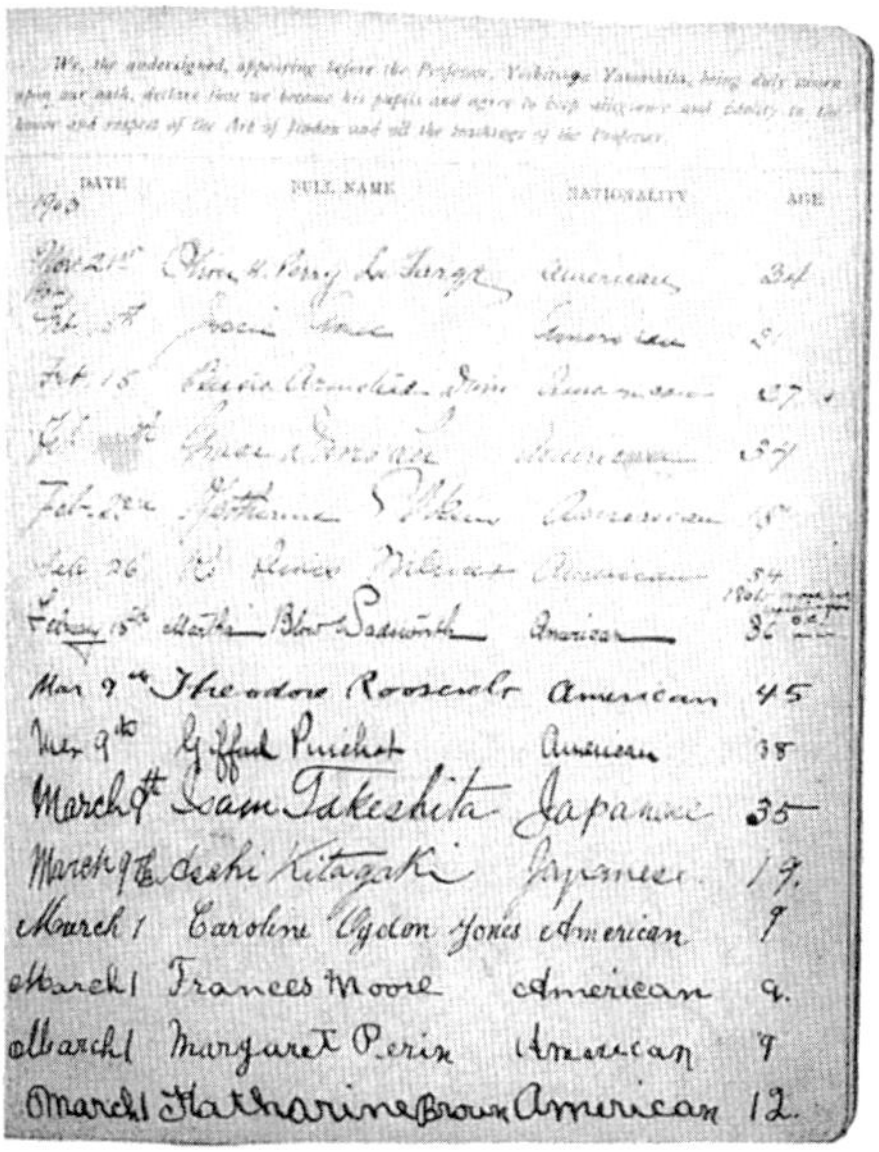

図14　山下義韶のアメリカ道場入門帳
（下から８行目にローズヴェルト大統領の署名、講道館提供）

はじめは、サミエルの九歳の息子に武術教育を施すという話だったようだが、これは母親のヒル夫人の反対などで実現しなかった。当初の計画は頓挫《とんざ》したが、山下はヒルの後援でシアトル、シカゴ、ニューヨークなどで柔道のデモンストレーションを行ない、さらに首都ワシントンでは、スポーツ好きのシオドア・ローズヴェルト大統領らの名士を門人とし、常に新奇な流行を求めているワシントンの社交界にちょっとした柔道ブームをつくりだすことになった。当時の新聞には、巨体をマットに倒されて苦笑している大統領のそばに、小さな日本人が威張ったふうで突っ立っている漫画なども見られたという。

もともと最初に柔道に興味を示して流行のきっかけをつくったのは社交界のご婦人がたであったといわれ、彼女たちに対しては山下夫人が指導に当たった。山下はまた、アナポリスの海軍兵学校などでも柔道を教え、アメリカへの柔道の紹介に大きな役割を果たして、一九〇六年（明治三九）六月に帰国した。

なお、山下の渡米については一九〇二年という説、帰国については一九〇七年という説もあり、たとえば『柔道大事典』（アテネ書房、一九九九年）を見ると、「山下義韶」の項では山下の滞米を一九〇三～一九〇七年とし、巻末の「柔道関連年表」では一九〇二～一九〇六年としている。しかしこれは、一九〇三～一九〇六年が正しいと思われる。

山下と夫人、そして助手を務めることになった川口三郎の三人が日本郵船の信濃丸で一九〇三年の九月二三日に横浜を出航してシアトルに向かったことは、ジョゼフ・スヴィンスの研究などによって確認されている（J. R. Svinth, Professor Yamashita Goes to Washington, *Aikido Journal*, 25 : 2, 1998）。また一九〇六年（明治三九）七月には、大日本武徳会の柔術形を制定する委員会（委員長嘉納治五郎）が京都で開かれ、山下は委員としてこれに出席しており、その記録や写真も残っている。飛行機で簡単に往来できるという時代ではないから、少なくともこの委員会の前に山下が帰国していたことはたしかであろう。

イギリスとハンガリー

ほぼ同じ頃、小泉軍治と谷幸雄がイギリスに渡った。二人は別々の経緯を経て、しかし同じ一九〇五年にイギリスに到り、小泉はその後一時アメリカに赴いたが、最終的には二人ともロンドンに定住してそれぞれに道場を開き、イギリスにおける柔道普及の先駆者となった。谷はオクスフォード・ストリートに「日本柔術学校」を開くとともに、格闘技興行にも参加して英米両国で活躍し、リトル・タニの愛称で親しまれた。もっとも、彼はもともと不遷流の柔術家で、嘉納の門人ではなかったので、当初はとくに講道館柔道の普及に努めたわけではない。しかしのちには谷も講道館の一員となり、小泉に協力してロンドン武道会を設立する（七九ページ参照）。

一九〇六年（明治三九）にはハンガリーから、当時のオーストリア大使、牧野伸顕を介して日本人柔道家招聘の話があり、嘉納は東京高等師範の助教授、佐々木吉三郎（一八七二―一九二四）を派遣した。佐々木は宮城県の出身、宮城師範から東京高等師範を卒業、同校附属小学校の訓導を経て、助教授となった。当時三三歳、ブタペストで柔道を指導しながら、ハンガリー語で『DJUDO』という入門書を書き、一九〇七年に出版した。この本は、英語やフランス語にも翻訳され、ヨーロッパ全土で広く読まれたという。

佐々木自身はこの本が出版されるより前に、文部省からドイツ留学の命を受けてベルリンに移り、そこに二年ほど滞在して教育学の研究に従事した。帰国後は東京高等師範教授、同校附属小学校主事、さらに東京市学務課長などを務め、また『世界の大勢と大正教育の方針』（一九一五年）、『家庭改良と家庭教育』（一九一七年）、『市町村改良と社会教育』（一九一九年）、『現代三大思潮批判』（同）など、活発な著作活動を行なった。

格闘技興行の人気

海外四天王

このころ、つまり一九世紀末から二〇世紀の初頭にかけて、欧米や中南米の諸国では、（現在のプロレスなどとは少し異なるが）レスリングやボクシングなどの格闘技の興行が盛んであった。この種の興行がはじめて日本にやってきたのは、一八八七年（明治二〇）といわれる。アメリカから来日したレスラー、ボクサーら一八人が「西洋大相撲」という看板を掲げて、東京、横浜、京都、大阪などを巡業した。一行を日本に連れてきたのは、かつて伊勢ケ浜部屋で三国山を名乗っていた元力士、浜田庄吉。一九八三年に渡米して、レスラーになろうとしたがうまくいかず、日本での格闘技興行を企画したらしい。浜田は当初、相撲や柔術などとの異種格闘技も考えていたようだが、

図15　前田光世

警視庁の許可が下りず、断念したとのことである。

しかし海外では、この種の格闘技興行に日本人の柔術家や柔道家が参加することもあった。レスリングのルールで闘う場合もあれば、独自のルールを定めて多少とも名の知れたレスラー（ときにはボクサー）と異種格闘技の試合を行なう場合もあり、また柔道に関する講演とデモンストレーションのあとで、地元のレスラーや力自慢を相手に飛入り自由の賭試合を行なう場合など、具体的にはさまざまのケースがあった。こうした興行は、いわば大衆的なレベルでの柔道の普及に役立つと同時に、パトロンやスポンサーなしで海外へ飛び出した若い柔道家・柔術家たちの生活手段ともなった。

このようにして世界各地を渡り歩いた人びとのなかには、もちろん講道館とは関係のない柔術家や元力士、あるいは山師《やまし》まがいの人たちなどもいたが、講道館の柔道家としては前田光世《みつよ》、大野秋太郎、佐竹信四郎、伊藤徳五郎らがよく知られ、その活躍にちなんで講道館の「海外四天王」などとも呼ばれた。なかでも、コンデ・コマ（高麗《こま》伯爵）の愛称で親しまれるとともに「不敗」の神話を残した前田光世（一八七八―一九四一）は有名である。

前田は青森県弘前の出身、一八九六年（明治二九）に上京、早稲田中学から東京専門学校（現早稲田大学）に進む。講道館への入門は一八九七年である。一九〇四年（明治三七）、富田常次郎に随行してアメリカに渡るが、やがて富田と別れ、ニューヨークやアトランタで異種格闘技興行に参加し、一九〇七年にはイギリスに渡り、ついでベルギー、スペイン、キューバ、メキシコを転戦し、さらにグアテマラ、エルサルバドル、パナマ、ペルー、チリ、アルゼンチン、ウルグアイへと足を伸ばした。後年はブラジルのベレンに定住し、アマゾンの開拓事業と日本からの開拓移民の生活向上に力を尽くすとともに、のちにグレイシー柔術アカデミーの創設者となるカルロス・グレイシーらの弟子を育てた。結局、日本には一度も帰ることなくベレンで死去、講道館は七段を追贈した。

ジャポニスムの拡大

このようにして二〇世紀初頭から盛んになる柔道の海外普及にとって、当時の国際情勢、とりわけ日露戦争（一九〇四〜〇五年）が追い風となったことはいうまでもない。日露戦争前後の時期に日本への関心が世界的に高

34　AMERICAN WRESTLING vs. JUJITSU

of his vision and to teach him to read with despatch and accuracy, almost by instinct, the many and rapidly shifting conditions of the minds of men called moods—these are some of the main objects of wrestling."

"And what is jujitsu?"

Mr. Higashi—"What we always keep in view as the end and aim of the art of jujitsu is quite distinct from wrestling. To be sure, all that has just been mentioned is the goal toward which one aspect of jujitsu training also strives. But there are three stages in jujitsu. Between the first and wrestling there is not much difference. Wrestling, both in Nippon and in the West, has the distinct ends in view that you have just described; it forms a distinct program of gymnastics in itself; it is not a part of something else—a means to an end. With jujitsu, the holds and tricks of wrestling are an elementary step to lead a man to something else. Naturally you have developed to a greater extent than we have done in the first and elementary stage of jujitsu, and to a higher state of perfection, those holds and tricks which are confined to wrestling. Whoever would understand the true meaning of the art of jujitsu must always keep this in mind—that the end of jujitsu is self-defense. The science and practice of jujitsu both end in discovering and attaining as effective and relatively perfect a means of self-defense as possible under all manners of attacks.

"In jujitsu training many conditions are imposed upon us which are out of place with any other athletic sports. When you are attacked on the street, for instance, you would rarely find yourself or the assailant stripped to the skin, and so we require the students of jujitsu to go through their exercises in their street costume, and those of us who can hardly afford to spoil a suit every time we come upon the training-mat wear these jackets and girdles, which would take the place, to all practical purposes, of the street costumes of Tokyo. This also is the reason why in jujitsu we do not put a fence about the style of tricks and attacks and call any of them foul. When you are abroad at night—and on such occasions it is that a training in jujitsu is most likely to serve you—you can

FIG. 2—JUJITSU METHOD OF BREAKING THE ARM

図16　「柔術」を取り上げた記事
（『コスモポリタン』1905年５月号）

まったことによって、一九世紀後半以来フランスを中心に、そして美術の世界を中心に展開してきた「ジャポニスム」が、フランス以外の地域にも、また美術以外の対象にも拡大し、たとえば日本独自の武術などにも及んだ。当時の大衆小説に柔術が登場したりするのも、そのあらわれであろう。なにせ、ロンドンの名探偵シャーロック・ホームズも、パリの怪盗アルセーヌ・ルパンも柔術の心得があり、そのおかげで窮地を脱したりもしているのだ。

アメリカの大衆雑誌『コスモポリタン』も一九〇五年五月号で「柔術」を大きく取り上

げた。『コスモポリタン』はのちに女性誌に転換するが、当時は写真やイラストを豊富に用いた一般誌として人気があった。「アメリカン・レスリング対柔術」(American Wrestling vs. Jujitsu)と題されたその記事は、ニューヨーク・アスレティッククラブのレスリングのインストラクター、H・F・レオナード氏と柔術家のK・ヒガシ氏の対話という形で、一〇ページにわたって写真入りで柔術を紹介している。互いにレスリングと柔術の技を示し、比較しあいながら、レオナード氏は一貫して、柔術の技の多くはレスリングにも同類のものがあるといい、レスリングにない技については「あまり効果的とは思えない」という。

これに対してヒガシ氏は、レスリングにとってはリング上の闘いがすべてだが、柔術にとってはそれはほんの一部にすぎないと反論する。柔術はもともとスポーツではない。日常の行住坐臥《ぎょうじゅうざが》のなかで、いかなる攻撃にも即応できる高度な自衛の術である。だから、柔術家はまずダメージを受けずに倒れる技術(受身)を学ぶ。また相手の力を利用して相手を倒す技術に熟達すれば、体重や体力の差も問題ではなくなる。さらに武術としての柔術には、相手に致命的なダメージを与えうる関節技や当身技《あてみわざ》などもあり、また秘伝として代々伝えられてきた高度な技もあるが、それらはしばしばあまりに危険なので、とてもリングの上で使うことはできない。

こうしてヒガシ氏は、リングの上だけで見ると、「柔術はレスリングの一種」であり「その東洋バージョンにすぎない」というレオナード氏の言い分も正しいように見えるが、全体としての柔術とくらべるなら「レスリングは児戯に等しい」と主張するのである。

『嘉納柔術完全マニュアル』

このヒガシ氏については、詳しいことはわからない。しかし、H・アーヴィング・ハンコックに協力して『嘉納柔術（柔道）大全』（今風にいえば『嘉納柔術完全マニュアル』）という本を出したカツクマ・ヒガシ（東勝熊?）と同一人物であることは、雑誌と本に掲載されている写真によって確認できる（H. Irving Hancock and Katsukuma Higashi, *The Complete Kano Jiu-Jitsu* (*Jiudo*), G. P. Putnam's Sons, 1905）。ハンコックの「序文」によると、ヒガシはかつて弱冠一八歳にして京都の同志社で柔術、体育、さらに数学を教えていたという。

ヒガシ自身も「序文」を書いているが、自分の経歴についてはふれていない。柔術と柔道の関係については、各派の柔術をもとにして嘉納治五郎が「最も現代的で効果的なシステム」を作り上げ、それをみずから柔道と名づけたのであり、今日では警察も軍隊も嘉納柔道を正式に採用し、伝統的な柔術はすたれているが、一般の人びとはなお柔術という古くから親しまれてきた名称を用い、柔道を柔術と呼ぶことも少なくない、と述べている。

これはほぼ正確な記述であるが、一方、嘉納のシステムはホシノとツツミによって改善されて「現在われわれが教えている完全なシステム」になった、というような不可解な記述もある。ヒガシによると、嘉納のシステムは四七の技と一五の「致命的」な技（"serious" tricks）から成り立っていたが、現在の改善版は一六〇の技を含んでいるという。

この一六〇の技を三段階（第一セクション六〇、第二セクション五〇、第三セクション五〇）に分けて解説したのが『嘉納柔術（柔道）大全』であるが、この本を見るかぎり、ヒガシは講道館柔道系というよりむしろ柔術系の人と思われる。前記の「ホシノ」は、『コスモポリタン』の記事には「熊本のホシノ」とあるところから見て、四天流の星野九門を指すと思われるが、とすればヒガシはもともと四天流柔術を学んだ人かもしれない。あるいは、堤宝山流柔術とも何か関係があったのだろうか。また、「アナハイムの海軍兵学校で教えている私の同志《コンフレール》」への言及があるので、山下義韶とも接触があったかもしれない。

ヒガシはニューヨークで柔術を教えながら、格闘技興行にも参加していた。一九〇五年四月には、ライト級のレスラー、ジョージ・ボスナーと闘って敗れている。「柔術、ヤンキー・レスラーに敗れる」という見出しで試合の様子を報じた『ニューヨーク・タイムズ』の記事（四月七日）によると、会場のグランド・セントラル・パレスには三〇〇〇〜

四〇〇〇人の観衆がつめかけた。試合は両者ともに柔道着をつけて五本勝負で行われたが、ボスナーが三本を先取して勝った。二本目は長い勝負となり、ヒガシは三度ほどボスナーを投げたが、フォールすることはできず、結局一本も取れずに敗れた。ヒガシ側は、投げ技でボスナーが背中をついているのだからフォールと認めるべきだと抗議したが、両肩をついていないということで容《い》れられなかった。記事は「名高い柔術に何か特別なことを期待した人びとには、がっかりの結果だった」と書いている。同じ一九〇五年の一一月、ヒガシはリトル・タニ（谷幸雄）と闘ったが、これは数分で簡単に敗れた。おそらく柔術家としての技量にかなりの差があったのだろう。

とはいえ、ハンコック＝ヒガシの共著『嘉納柔術（柔道）大全』は広く読まれ、版を重ねた。ドイツ語訳（一九〇六年）やフランス語訳（一九〇八年）も出ている。ハンコックは前年、柔術に基づくと称する『女性のための日本式身体訓練法』（*Physical Training for Women by Japanese Methods*, G. P. Putnam's Sons, 1904）という本を出版していたが、これも好評で、前記のスヴィンスによると、ワシントンの社交界の女性たちの間などでは一種ファッショナブルな書物になっていたという。

むろん当時のジャポニスムには、チェンバレンが『日本事物誌』改訂第五版（一九〇五年）の「序論」で述べているように、「ヨーロッパが極東に対して抱く」「実に幼稚な幻想」もしばしば含まれていた。その一例ということであろうか、この改訂版でチェンバレンは、柔術の説明に次のような新しい注を書き加えている。

柔術の日本

柔術と、日本国民の健康に与えるその効果に関して実に馬鹿げた説明が海外に流布している。ある想像力のたくましいアメリカの著作者は、この妥当な肉体的訓練のお蔭で、この恵まれた国土にはリューマチも肺結核も存在しないし、消化不良もない、と書いているほどである。

前田光世らの活躍を伝える当時の新聞記事などでも、柔道を「東洋の魔術」といった表現で紹介しているものが少なくないが、もちろん一方では「力を最も合理的に使う技術」であるという嘉納治五郎の説明を忠実に紹介している記事もある。伝来の武術を「近代化」し、多少とも「スポーツ化」したものでありながら、ジャポニスム（あるいはオリエンタリズム）の嗜好《しこう》にも応えうるところに柔道の強みがあった。いずれにせよ、日露戦争を契機として、日本独自のマーシャル・アートとしての柔術・柔道への興味が世界的な広がりをもつようになったことはたしかである。前田もメキシコから友人に宛てた手紙のなかで次のように述べている。

日露戦争以来、日本の評判が余りに高まり過ぎているので、この点からいっても尚々《なおなお》奮発しなければならない羽目に到っている。君も知ってる通り（自分は）呑気《のんき》は呑気だが、こういう真面目なことになると確かにこの胸の奥底に考え込んでいるから、そのへんは乞《こ》う意を安んぜよ。

一時は東郷大将とか大山大将とかいって、随分うるさく人の口端《くちは》にのぼったものだが、今では戦争談でも出れば格別、そうでなければ、日本のことといえば、猫も杓《しやく》子《し》も柔術柔術で持切りで、まるで日本の柔術か、柔術の日本かわからぬという騒ぎだから、これで飯を食っている我輩《わがはい》如《ごと》きもいささか面食らわざるを得ないのだ。これも早く言えば戦勝の結果であろうが、それにしたところがよくもこう（柔術が）広く深く伝播《でんぱ》したものだと思う。（神山典士『ライオンの夢――コンデ・コマ＝前田光世伝』小学館、一九九七年）

サンテル事件

武術を興行とすることについて、嘉納治五郎はもともと否定的であった。明治初期の撃剣会《げきけんかい》についてはすでに述べたが、当時は柔術家のなかにも、撃剣会にならって柔術《やわら》会を企画したり、あるいは撃剣会に相乗りで出場する者なども少なくなかった。嘉納が師事した天神真楊流《てんじんしんようりゅう》の磯正智や福田八之助も柔術興行にかかわっていたが、嘉納はこの種の興行には手を出さなかった。興行化が武術のイメージを悪くし、「何か賤しいもの」であるかのようにみなされる結果を招いたと考えていたからである。

しかし、前田光世らが海外で格闘技興行に参加することに関しては、嘉納も寛容であった。前田をはじめ大野、佐竹、伊藤らは、明治人らしく、「講道館柔道の価値を世界に宣揚する」という使命感をもっていたし、各地の民衆の人気も高かったから、嘉納もむしろ柔道の海外普及に役立つと考えていたのであろう。

だが、遠い海外のことではなく、お膝元《ひざもと》の東京での興行となると、話は少し違ってくる。その好例が「サンテル事件」である。一九二一年（大正一〇）の三月、講道館の一部の若手柔道家が、来日したアメリカ人レスラー、サンテルの挑戦に応じ、靖国神社境内において興行試合を行なった。サンテルはかつてサンフランシスコで、海外四天王の一人、伊藤徳五郎五段を破ったと伝えられており、その復讐戦という気持も参加した若手たちにはあったであろう。

はじめ嘉納はこの件を黙認するつもりだったようだが、講道館幹部のなかに強硬意見があり、結局、「講道館高段者の多数が不都合と認めつつあることを知りながら、……興行師サンテルらと、興行と見なさるる方法において自ら試合をなし、または他の者に試合を勧誘した」ことは「講道館有段者として不都合な行動と認む」として、四段一人、三段二人、二段四人の計七人を処分した。

処分の内容については、破門すべしとの声を抑えて、「有段者として待遇せざるものとす」という処分、つまり段位剝奪《はくだつ》という比較的軽い処分にとどめ、しかも「悪かったということを悟り、将来そのようなことを再びせぬことを誓うならば、遠からず元の待遇に復するつもりである」と明言した（「サンテル事件の結末」『有効乃活動』第七巻第五号、大正一〇年〔一九二一〕五月）。おそらく、前田らの海外での興行参加とのバランスということもあったろうし、またアメリカ人レスラーとの対決がその話題性やイベント性においてむしろ講道館にプラスになると考えたのかもしれない。嘉納には、そういう柔軟なところがあった。

国際化への布石

第一次大戦後の発展

このサンテル事件のころ、つまり第一次世界大戦が終って一九二〇年代に入るころになると、海外での柔道はますます盛んになる。イギリスでは、すでにふれたように、小泉軍治が谷幸雄と協力してロンドン武道会を設立し、武道会道場を開いた（一九二〇年）。この武道会は、その後、空手や合気道などもメニューに加え、今日なお有力なクラブの一つとして存続している。また、一九二〇年代後半からは、オックスフォード大学とケンブリッジ大学との柔道の定期戦もはじまった。

アメリカでは、桑島省三がシカゴに柔道学校を開き、またシカゴ大学や市内の有名アスレティッククラブなどでも柔道を教え、日系人の多いハワイや西海岸にくらべて普及の遅

図17　フランスにおける石黒敬七(左)と藤田嗣治（講道館提供）

れていた中西部における柔道の発展に貢献した。一九二七年には、桑島の柔道学校から七名の有段者が認定され、「白人が海外在住のまま段証書を下付されたことは、これをもって嚆矢《こうし》とする」と、シカゴの新聞などでも大きく取り上げられたという（桑島省三「米人に柔道を教えた体験――シカゴ柔道学校創立十周年を迎えるに当たって」『柔道』第一巻第六号、講道館文化会、昭和五年〔一九三〇〕九月）。そして、一九三一年にはシカゴ大学で第一回アメリカ中央部柔道大会が開催された。

フランスにおける柔道の普及に大きな役割を果たしたのは、會田《あいだ》彦一（一八九三―一九七二）と石黒敬七《いしぐろけいしち》（一八九七―一九七四）である。會田ははじめロンドン武道会の指導者としてイギリスに派遣されたが、その後ドイツ（ミュンヘン）に渡り、さらにフランスに移って、一九二四年から二八年までパリに滞在し、スポーツクラブなどで柔道を指導した。早稲田大学柔道部で活躍した石黒も一九二四年暮れにフランスに渡り、パリに住んでモンパルナスに道場を開き、一九三三年（昭和八）に帰国するまで一〇年近く滞在したが、その間、ルーマニア、イタリア、トルコ、エジプトなどでも柔道を教えた。パリでは画家の藤田嗣治《つぐはる》（一八八六—一九六八）らとも交流があり、絵画や写真など趣味も広く、帰国後は随筆家として、また第二次世界大戦後はNHKラジオの人気番組「とんち教室」のレギュラーメンバーとして活躍した（青木一雄『「とんち教室」の時代』展望社、一九九九年）。

ドイツの場合は、日本からの留学生などが多かったこともあって比較的早くから柔道は盛んであった。しかし、中心となる指導者や道場がなかったため、いわば分散的な形で独特の発展を見せ、自己流も交えた「ドイツ柔術」というものが形成され、ときにはこれが講道館柔道と対立するようなこともあった。なかには、ドイツ柔術が日本に伝わって講道館柔道になったのだと主張して譲らないドイツ人などもあったという。

インドとその近隣諸国への柔道の普及には、高垣信造（一八九八—一九七七）が貢献した。高垣は、インドの詩聖といわれたタゴールの依頼によって講道館から派遣され、一九二九年にインドに赴き、タゴールが創設したヴィシュヴァバーラティ大学などで柔道を指導し、さらにネパールやアフガニスタンにも招かれ、一九三三年に帰国した（高垣信造「印度・アフガン土産話」『柔道』第五巻第三号、講道館文化会、一九三四年三月）。

世界柔道連盟の構想

このような海外普及の実績をふまえて嘉納は、一九三三年の年頭の挨拶のなかで「柔道の海外宣伝普及は、二つの意味において自分の後半生の任務である」と述べている。

その一は、日本は既往千数百年の間に、諸外国から種々の文化を輸入して、今日の日本文化を建設したのである。……今日の燦然《さんぜん》たる文化は、外国におう所が多い。しかるに、もし日本が自国の文化を外国に与うることがなくば、諸外国と日本との関係は、精神的に債権なくして債務のみを有する国となって、はなはだ遺憾である。よって世界の諸国が求むるところの柔道を授け、我が国をして精神的に債権国たらしめんとするにある。第二は、柔道を諸外国に教えれば、それらの国々における柔道の修行者と、日本人との間に理解と親しみが増し、その結果は、我は彼を信じ、彼も我を信ずるようになり、相互の間に利益の交換も出来、不幸にして紛議の生じた場合においても、円満なる解決をなしやすからしむることになる。（「昭和八年を迎うるに当り講道

館員一同に一段の奮励を望む」『柔道』第四巻第一号、講道館文化会、昭和八年〔一九三三〕一月）

この年の夏、嘉納はすでに七二歳であったが、ウィーンで開かれる国際オリンピック委員会（ＩＯＣ）に出席するため、そして一九四〇年に予定されている第一二回オリンピック大会の東京招致を働きかけるために、シベリア鉄道経由でウィーンに赴いた。嘉納には、もう一つ、「柔道の世界的連盟組織」結成の下準備をするという目的があり、ＩＯＣウィーン会議のあと、ドイツ、イギリス、フランスなどの諸国を歴訪した。このとき嘉納に随行し、柔道のデモンストレーションや実技指導に当たった小谷澄之（のちに十段）は、当時の各国における柔道の普及発展の程度について、最も進んでいるのがイギリス、ついでドイツ、そしてフランスの順であるという印象を述べている（『柔道一路――海外普及につくした五十年』ベースボール・マガジン社、一九八四年）。

この旅行中、ベルリンでは『ベルリン新報』、ロンドンでは『タイムズ』などの一流紙が嘉納を取材し、柔道について、また世界柔道連盟の構想についての記事を掲載した。そして、このころから、海外でも柔術と柔道の区別が認識されはじめたようである。

柔術という言葉は、jujutsu または jujitsu（英）、jui-jitsu（仏）、jujitsu（伊）といった綴《つづ》りで、日露戦争のあとぐらいから、欧米各国の辞書類などに収録されるようになる。アメリカの代表的な辞書の一つ『ウエブスター国際英語辞典』は、一九〇九年の改訂新版（*Webster's New International Dictionary of English Language*）で、jujutsu と judo をともに収録した。しかし、judo は外国語として欄外に記載され、「＝jujutsu」となっているにすぎない。つまり、柔術と柔道は区別されておらず、外来語として正式に辞書に登録されているのは柔術のほうなのである。すでにふれたように、当時はまだ柔術のほうがポピュラーな名称であり、海外においてはとくにそうであった。だから、たとえば前田光世なども、海外における「柔道の宣揚」をモットーとしてはいたが、あえて柔道という名称にはこだわらず、通りのよい柔術を用いることが多かった。

そういうわけで、この時期の外国の辞書で、judo を収録しているものはほとんど見当たらない。『ウエブスター』一九〇九年版はむしろ例外なのである。

JUDO の認知

しかし、一九三〇年代に入ると、多くの辞書が judo を収録するようになる。たとえば『オクスフォード英語辞典』（*OED*）は一九三三年に『補遺』の巻を出したが、そこでは柔術（jujutsu）と柔道（judo）は別項として立てられており、柔道には「柔術の近代的発展形態」という説明が与えられている。要するに、まず（柔道を含めて）柔術という言葉が二〇世紀初頭から海外でも認知されはじめ、その後一九三〇年代に入って柔道が柔術から区別されて認知されるようになっていく、というのが大まかな道筋といえよう。

一九三〇年代といえば、日本国内では、武道が大いに盛んになり、発展した時期にあたるが、その経緯にふれるためには、少し時代をさかのぼって、明治以降の日本のスポーツ状況などにも目を向けながら見ていく必要がある。

武道とスポーツ

外来スポーツの普及

明治のスポーツ記事

現在私たちが楽しんでいるスポーツの多くは、明治以降に西洋から入ってきたものである。野球、陸上競技、競泳、ボート、テニス、サッカーなど、各種の西洋型近代スポーツがどのようにして日本に紹介され、普及していったかについてはすでに多くの研究があるので、ここでは立ち入らない。ただ、この紹介・普及過程において新聞が大きな役割を果たしたことについては、簡単にふれておきたい。近代スポーツの母国といわれるイギリスにおいても一九世紀後半から新聞とスポーツの結びつきが強まるというが、日本の新聞も比較的早くからスポーツに興味を示し、スポーツ関係の報道を行なうとともに、みずから各種のスポーツ・イベントを主催することも

図18　1896年の第一高等学校野球部

少なくなかった。

スポーツを扱った新聞記事は、明治の半ば以降、一八九五年ごろからしだいに増加してくるが、当時の記事の多くは外国人相手の試合についての報道であり、とりわけ日本側の勝利の報告であった。たとえば、「一高対外人クラブ、ベースボール試合」が「二三対九」で「我《わが》学生の大勝利」に帰したという記事がある。かつて第一高等学校（一高）野球部と試合をして敗れた横浜居留地の外国人クラブが、停泊中のアメリカ軍艦の乗組員も加えてチームを補強し、再試合を挑んできたが、再び一高が大差で勝ったというのである。

横浜居留地アマチユア倶楽部《クラブ》員と我第

一高等学校生徒が曾《かつ》て横浜公園地に於《おい》て催おせるベースボールの競技は、我学生の勝利に帰したるより、倶楽部員等は之《これ》を遺憾とし重ねて勝負を申込み、一昨五日午後三時より同公園に於て競技を催おし、倶楽部方には米国軍艦乗組員中の名手四名も加わり、当日は第九回まで競争せしに、倶楽部方は僅々九点の得点に過ぎざりしに、我学生は二三点の多きを占め、又々大勝利を得たり。……当日、参観者は非常に群集し、喝采《かっさい》の声止まざりしと云う。

これは一八九六年（明治二九）六月七日の『東京朝日新聞』の記事である。『朝日新聞』は一八七九年（明治一二）に大阪で創刊されたが、一八八八年七月一〇日からは東京版も発行されるようになった（以下で『朝日新聞』とあるのは、とくに断りのないかぎり東京版を指す）。

この種のスポーツ記事は、たとえば「横浜港で国際水泳／百ヤード　溝口が名誉の先着」（『朝日新聞』一八九八年八月一五日）、「慶応初めて克つ／対横浜外人蹴球試合」（『朝日新聞』一九〇八年一一月一六日）など、途切れることなく掲載され続ける。舶来文化であるスポーツにおいて「本家」の外国人に勝つことは、それだけで十分にニューズ・バリューのある出来事だったのである。

あるいは、「本場」に修行に出かけ、善戦健闘するというタイプの記事もある。たとえば、早稲田大学のアメリカ遠征に関する記事などがそうである。日露戦争中の一九〇五年（明治三八）四月、早大野球部は安部《あべ》磯雄《いそお》部長に率いられて渡米し、スタンフォード大学、オレゴン大学、ワシントン大学、さらには西海岸地域のクラブチームなどを相手に二六試合を行なった。この遠征について新聞は次のように報じた。

早大野球部のアメリカ遠征

早稲田大学野球部に於ては、もし選手が都下第一の技量を有するに至らば米国の大学と競技せんものと過去数年間熱心にその腕を練り来りしが、昨年の試合に於ては慶応義塾、第一高等学校、学習院、横浜外人倶楽部等と競技し全勝を得るに至りしかば、昨年十一月初旬、米国スタンホード大学及びキャリホルニア大学に挑戦を送りたり。キャリホルニア大学よりは未だ何等《なんら》の返答を得ざれども、スタンホード大学とは既に二回の交渉を経いよいよ五月中旬頃、桑港《サンフランシスコ》に於て試合をなすこととなりたり。就ては数日前、早稲田大学社員会は右に関する費用支出を可決し、選手は一層奮励して練習しつつあり。とにかく日露戦争中米国人環視の中にこの壮挙を企つることとなれば、勝敗の数あらかじめ知る能《あた》わざるとするも、我国運動界の為《た》めに一新紀元を造るものと云うべし。（『朝日新聞』一九〇五年二月二七日）

早大はまずスタンフォード大学と戦い、第一戦は九対一、第二戦は三対一で敗れたが、第二戦の結果を（第一戦と誤解して）報じた『朝日新聞』（五月五日）は次のように書いている。

最先の競技に敗れたる遺憾は察するに余れども、三に対する一と云えば真に僅《わずか》の差にして、正に双方の技倆《ぎりよう》相比敵《ひてき》するものにして、決して敗者の恥と為すべからざるのみならず、却《かえっ》て真価を大陸の野に発揚するに足るべく、早稲田学生たるもの須《すべ》からく前途の有望なるを祝して可なりと、某野球通は語れり。

結局、早稲田の戦績は二六戦して七勝であったが、同じく『朝日新聞』に連載された安部磯雄部長の手記は、この結果について「もし余等がグラウンドに慣れて居り、公平なる審判者を得て居たならば、この上に尚《な》お六回位は勝利を得て居たに相違はないと思う」と述べている（「渡米記　第十八」七月六日）。

もしさらに六回の勝利を得たとすれば、二六戦一三勝でタイとなる。さすがに勝ち越さないところが、安部磯雄らしいというべきかもしれない。

スポーツとメディア

単に競技の結果を報道するにとどまらず、みずから各種のスポーツ・イベントを主催し、それを記事にするという新聞の戦略も比較的早くから見られた。たとえば、日本最初のマラソン競技は一九一一年（明治四四）一一月に、はじめて参加するオリンピック（ストックホルム大会）のための予選会として行なわれたといわれるが、正式の競技としてはそうであったとしても、それ以前に、大阪毎日新聞社主催の大阪・神戸間マラソン競走が一九〇九年三月に行なわれており、このときはじめて「マラソン」という言葉が使用された。さらにさかのぼれば、一九〇一年（明治三四）一一月には時事新報社主催の一二時間競走が上野不忍池《しのばずのいけ》で、同年一一月には大阪毎日新聞社主催の八時間競走が堺大浜で開催されている。

ほかにも、大阪毎日新聞社主催の大阪湾一〇マイル遠泳大会（一九〇五年）、関西中等学校庭球大会（一九〇八年開始）、日本オリンピック大会（一九一三年開始）、朝日新聞社主催の全国中等学校優勝野球大会（現在の甲子園大会、一九一五年開始）、全日本東西対抗陸上競技大会（一九一六年開始）など、新聞社主催のスポーツ・イベントは増加の一途をたどり、一九二〇年代半ばごろからは外国の有名スポーツ選手を招待してイベントを組むことなども盛んになった。

新聞という「一日だけの〔しかし毎日の〕ベストセラー」が近代の国民意識の形成に果たす役割を強調したのはベネディクト・アンダーソンであるが（白石隆・白石さや訳『増補想像の共同体』NTT出版、一九九七年）、日本の新聞も右に見たようなかたちで、明治期の輸入スポーツを普及させ、国民的な広がりをもつ現象にまで発展させただけでなく、他方ではそのスポーツを通して人びとを近代国家という「想像の共同体」に統合していくうえでも重要な役割を果たした。

もちろん、雑誌メディアの役割も無視することはできない。この時期の雑誌、たとえばグラフ雑誌の草分けといわれる『風俗画報』（一八八九年創刊）や、巌谷《いわや》小波《さざなみ》を主筆とする『少年世界』（一八九五年創刊）などもしばしばスポーツに関する話題を扱った。そして一八九七年（明治三〇）には、日本最初のスポーツ総合月刊誌といわれる『運動界』が発刊された。

スポーツ専門誌『運動界』

『運動界』の編集主任は『万朝報《よろずちょうほう》』で活躍した山県五十雄《やまがたいそお》であったが、「名誉賛助員」として嘉納治五郎、落合直文《なおぶみ》、杉浦重剛《じゅうごう》、坪井玄道《つぼいげんどう》らも名を連ねている。創刊号に掲載されている説明によると、「『運動界』は紙面はキク版《ママ》二倍大、紙数は廿頁にして、毎月一回五日を以て発行する運動遊戯専門の雑誌にして、読者を学校生徒学生青年少女の間に求め、専《もっぱ》ら戸外運動、兵式及び室内躰操《たいそう》に関する記事論説等を掲載する」とあり、具体的に扱う種目としては「野球、漕艇《そうてい》、競走、フットボール、テンニス《ママ》、クリッケット、柔軟躰操、器械躰操、水泳、狩猟、漁魚、行軍、柔道、撃剣、馬術、弓術、自転車術、旅行、探検」などがあげられている。「キク版〔判〕二倍大」というのは、ヨコ約二二センチ、タテ約三〇センチ、ほぼA4判に相当する。かなりの大判である（第三巻第一号からは四六倍判、B5サイズに変更された）。

図19 『運動界』第1号

七月に発刊された創刊号では、六月

三日に行なわれた一高と「横浜在留外人」との野球の試合が大きく扱われている。さきに引いた『朝日』の記事（八九〜九〇ページ）は一八九六年の試合についてのものであるから、これはその翌年の試合ということになる。今回も一高が一五対六で勝った。『運動界』は、ゲームの経過を詳しく紹介するとともに、当時の（正確には前年の）一高チーム一二人の写真（八九ページ図18）を別紙挟み込みとし、さらに一人一人についての説明に誌面を割いている。表紙には「外敵を蹂躙《じゆうりん》して国の名誉を上げたる向ヶ岡十二勇の肖像写真版」を付録につける、と謳《うた》っている。

その一方で、この雑誌は、当日の観衆の態度について苦言を呈してもいる。観衆のなかには、「外人の敗るる毎に拍手喝采したるのみならず、あるいは馬鹿野郎と呼び、あるいは赤髭奴《あかひげめ》と叫び、その他あらゆる聞苦しき悪口雑言を吐きて」外国人を罵《ののし》った者たちがあったが、これは「運動場裏《り》の行状」を心得ないものといわねばならない。試合の相手を尊重し、相手に好プレーあれば、敵ながらあっぱれと賞賛するのが「真《まこと》の武士《さむらい》」にふさわしい態度である。その意味で、「無礼の挙動《ふるまい》ありし弥次《やじ》連は只《ただ》に外人に対して礼を失せしのみならず、併《あわ》せて我が撰手諸氏の顔に泥を塗りし者なり。否これを大に言わば、我が帝国の躰面に一汚点を加えし者なり」。

押川春浪と天狗倶楽部

『運動界』は、一九〇〇年（明治三三）四月、通巻三三号をもって終刊にいたったが、数年後には『運動之友』（一九〇六年創刊）、『山岳』（同）、『運動世界』（一九〇八年創刊）、『月刊ベースボール』（同）などのスポーツ誌が発刊されはじめた。また、このころ、一般の大衆雑誌、たとえば『冒険世界』や『武侠《ぶきょう》世界』などもしばしばスポーツや武道の話題を取り上げた。この二誌は、ともに押川春浪《おしかわしゅんろう》（一八七六―一九一四）を中心とする雑誌である。

春浪は東京専門学校（早大）在学中に書いたSF的な冒険小説『海島冒険奇譚海底軍艦』が巌谷小波に認められて文武堂から出版され（一九〇〇年）、たちまち人気作家となった。一九〇四年（明治三七）には博文館に入社して『日露戦争写真画報』（月刊）の編集にたずさわったが、戦争終結後、この雑誌は『写真画報』と改題され、さらに『冒険世界』と変って春浪が主筆となった。春浪はまた、野球をはじめスポーツが大好きで、早稲田関係のスポーツマンを中心にしたスポーツ愛好サークル、天狗倶楽部《てんぐクラブ》を主宰した（天狗倶楽部のメンバーや活動については、横田順彌『快絶壮遊［天狗倶楽部］――明治バンカラ交遊録』教育出版、一九九九年、が詳しい）。

一九一一年（明治四四）、『東京朝日新聞』の連載記事を発端に、いわゆる野球害毒論争が起こると、春浪は『冒険世界』に拠《よ》って野球擁護論を展開し、『朝日』を正面から批判した。春浪たちはまた『月刊ベースボール』や『運動世界』でも害毒論に応戦する論陣を張った。それは、一つには、野球害毒論の背後に官学関係者による私学批判という要素があったからである（この点については、石坂友司「『野球害毒論争（1911年）』再考」『スポーツ社会学研究』第一一巻、日本スポーツ社会学会、二〇〇三年、参照）。しかし、『冒険世界』の版元の博文館は朝日新聞社と事を構えることを好まなかった。そのため、春浪は博文館の幹部とうまくいかなくなり、博文館を退社して、小杉未醒《こすぎみせい》（放庵《ほうあん》）らとともに『武俠世界』を創刊する。

春浪の弟、押川清は早稲田の野球選手で、前記の早大野球部のアメリカ遠征に二塁手として参加した。清は東京専門学校時代から前田光世と親しく、一緒に講道館に入門したが、柔道では前田に及ばなかった。すでに述べたように、早大野球部遠征の前年、前田は富田常次郎の随行役として講道館から派遣され、すでに渡米していた。前田は清を通じて春浪ともつきあいがあり、天狗倶楽部のメンバーでもあった。そういう関係から、『冒険世界』や『武俠世界』は、前田光世らの海外での武勇伝などもしばしば伝えた。

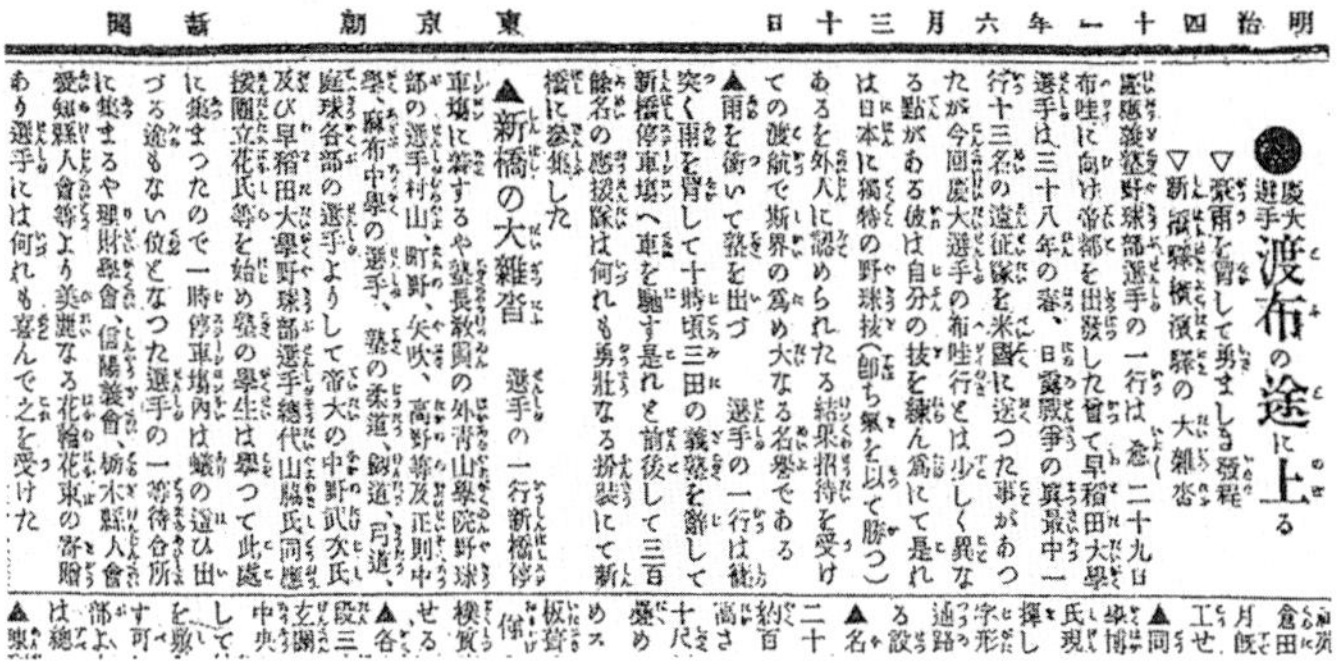

明治四十一年六月三十日　東京朝日新聞

●慶大選手渡布の途に上る
▽飛雨を冒して勇ましき發程
▽新橋停車場の大雜沓

慶應義塾野球部選手の一行は愈二十九日布哇に向け帝都を出發した曾て早稲田大學選手は三十八年の春、日露戰爭の眞最中一行十三名の遠征隊を米國に送つた事があつたが今回慶大選手の布哇行とは少しく異なる點がある彼は自分の技を練ん爲にて是れは日本に獨特の野球技(卽ち氣を以て勝つ)あるを外人に認められたる結果招待を受けての渡航で斯界の爲め大なる名譽である

▲雨を衝いて塾を出づ　選手の一行は篠突く雨を冒して十時頃三田の義塾を辭して新橋停車場へ車を馳す是れと前後して三百餘名の應援隊は何れも勇壯なる扮裝にて新橋に參集した

▲新橋の大雜沓　選手の一行新橋停車場に着するや塾長教員の外青山學院野球部の選手村山、町野、矢吹、高野等及正則中學、麻布中學の選手、塾の柔道、劍道、弓道、庭球各部の選手よりして帝大の中野武次氏及び早稲田大學野球部選手總代山脇氏同應援團立花氏等を始め塾の學生は擧つて此處に集まつたので一時停車場内は蟻の這ひ出づる途もない位となつた選手の一等待合所に集まるや理財學會、信陽義會、栃木縣人會、愛知縣人會等より美麗なる花輪花束の寄贈あり選手には何れも喜んで之を受けた

図20　慶応大学野球部ハワイ遠征の新聞記事
(『東京朝日新聞』1908年6月30日)

「和魂洋才」スポーツ版

早大の遠征から三年後、一九〇八年（明治四一）の夏には慶応大学の野球部がハワイに遠征したが、これは早大の場合とは違うと新聞は報じた。「慶応義塾野球部選手の一行は愈《いよいよ》二十九日、布哇《ハワイ》に向け帝都を出発した。曾《かつ》て早稲田大学選手は三十八年の春、日露戦争の真最中、一行十三名の遠征隊を米国に送ったことがあったが、今回慶大選手の布哇行とは少しく異なる点がある」。どこが違うかというと、早稲田の場合は「自分の技《ぎ》を練《ねら》ん為《ため》に」遠征したのだが、今回は「日本に独特の野球技（即《すなわ》ち気を以《もっ》て勝つ）あるを外人に認められたる結果、招待を受けての渡航で、斯界《しかい》の為め大なる名誉である」（『東京朝日新聞』一九〇八年六月三〇日）。

この記事では、「気を以て勝つ」という独特の精神主義が注目され、スポーツという外来文化の日本的馴化《じゅんか》が強調されている。こうした傾向は、たとえばベースボールを武士道精神と結びつけた「一高式野球」に関する有山輝雄や菊幸一の考察などにも示されているように、すでに明治二〇年代からあらわれている（有山輝雄『甲子園野球と日本人――メディアのつくったイベント』吉川弘文館、一九九七年。菊幸一『「近代プロ・スポーツ」の歴史社会学――日本プロ野球の成立を中心に』不昧堂出版、一九九三年）。ここに見られるのは、単に洋風文化を追うのではなく、むしろそれを日本化することによって超えていこうとする志向であり、いわば「和魂洋才《わこんようさい》」のスポーツ版である。

もちろん現実には、スポーツの技術的水準の差は決して小さなものではなかった。しかし、大正期に入るころから、つまり一九一〇年代から二〇年代にかけて、オリンピックや各種の国際大会への参加を契機に、日本のスポーツ水準もしだいに向上していく。

国際大会への参加

のちにふれるが、日本のオリンピック参加は一九一二年（明治四五）の第五回（ストックホルム）大会からである。このときは短距離の三島弥彦《みしまやひこ》と、のちに「日本マラソンの父」と呼ばれることになる金栗四三《かなぐりしぞう》、この二人の選手が嘉納治五郎団長に率いられて参加した。次のアントワープ大会（一九二〇年）には選手一五人が参加し、テニスで二つの銀メダルを獲得した。日本選手がはじめて金メダルを獲得したのは、一九二八年のアムステルダム大会である。四三人の選手が参加し、三段跳びの織田幹雄と二〇〇メートル《メートル》平泳ぎの鶴田義行の二人が金メダルを手にした。

オリンピックやテニスのデビスカップなどの国際大会への参加は、日本のスポーツのレベルアップに貢献するとともに、国際舞台での日本選手の活躍を報じる新聞記事などを通して、国民意識の形成と昂揚《こうよう》にも大きな役割を果たした。

外来の欧米型近代スポーツの普及は、武道の発展にも好影響を与えた。すでにふれたように、旧来の武術が「近代化」される過程で形成されるのが武道であるが、外来スポーツの普及・発展はこの近代化過程に影響を与え、それを促進したからである。もともと、嘉納治五郎による柔術の近代化も、嘉納の外来スポーツへの理解と無関係ではない。自伝的記述などにも示されているように、嘉納は若いときにさまざまの外来スポーツを試み、また研究した。おそらく当時の武術家・武道家のなかでは、嘉納が最も近代スポーツに詳しかったであろう。

武術から武道へ

大日本武徳会

柔道の講道館に対して、剣道や弓道をも含む武道全般にかかわる組織として重要な役割を果たしたのが大日本武徳会《だいにほんぶとくかい》である。この団体は一八九五年（明治二八）に京都で設立された。この年、桓武《かんむ》天皇による平安建都一一〇〇年を記念して、平安神宮を造営すること、この神宮の例祭として時代祭を創始することなどが企画されたが、桓武天皇以来の尚武《しょうぶ》の精神を振興するという武徳会の発足もその一環であった。総裁に小松宮彰仁親王《こまつのみやあきひとしんのう》を推戴《すいたい》し、渡辺千秋《わたなべちあき》京都府知事を会長、壬生基修《みぶもとなが》伯爵（平安神宮宮司）を副会長として、全国から会員を募集した。当時の政府高官、伊藤博文《いとうひろぶみ》（内閣総理大臣）、山県有朋《やまがたありとも》（第一軍軍司令官）、大山巌《おおやまいわお》（陸軍大臣・第二軍軍司令官）、西郷従道《さいごうつぐみち》

図21　大日本武徳会武徳殿

図22　武徳殿での試合風景（講道館提供）

（海軍大臣）、松方正義（大蔵大臣）、榎本武揚（農商務大臣）らも、賛同者として名を連ねている。

「大日本武徳会設立趣旨及び規則」によれば、桓武帝の重んじた尚武の精神、つまり「武徳」こそが「千載和魂《せんざいわこん》の根柢《こんてい》」であり、これを涵養《かんよう》するために平安神宮近辺に武徳殿を再建し、毎年武徳祭を挙行するなどの事業を行なうとしている。その後、各府県に支部が設置され、一八九九年（明治三二）には、当初の計画よりは小規模になったが、武徳殿（演武場）も完成した。さらに一九〇一年（明治三四）に前警視総監、大浦兼武《おおうらかねたけ》が副会長に就任すると、各府県の警察組織を利用して会員を増やし、一九〇九年（明治四二）には会員数百五十万を超え、財団法人化も実現した。大浦は第一次桂内閣で再度警視総監に就任、さらに逓信大臣、第二次桂内閣の農商務大臣、第三次桂内閣の内務大臣などを歴任するとともに、一九〇六年（明治三九）から一九一五年（大正四）まで武徳会の会長を務めた。

嘉納治五郎も当初から設立発起人に名を連ね、さらに商議員として柔術部門の運営にかかわり、多様な流派を超えた統一的な「審判規定」や「形」の制定に中心的な役割を果たした。「大日本武徳会柔術試合審判規定」は一八九九年（明治三二）に、「大日本武徳会制定柔術形」は一九〇六年に、いずれも嘉納を委員長とする委員会によって制定されている。

しかし全体として見れば、武徳会は剣術家を中心とする組織であり、剣術部門に重点がおかれていたといえる。

武徳会は毎年武徳祭を挙行し、剣術、柔術、弓術、薙刀《なぎなた》、居合術《いあいじゅつ》、槍術《そうじゅつ》、棒術などを含む演武会を開催したが、これは年々発展し、第一〇回大会（一九〇五年）では出場者一二〇〇人、第一七回大会（一九一二年）では出場者一八〇〇人を超える大規模な大会となった。第一回（一八九五年）から第一七回までの武徳祭大演武会の出場者は延べで二万一五六七人に達するが、その内訳を見ると五六％が剣術で占められ、柔術は一九％、弓術は一四％、槍術・薙刀が各二％程度、居合術は一・二％、棒術は〇・六％といったところで、やはり圧倒的に剣術が多い（中村民雄『剣道事典』一九九ページに示されている一覧表から計算した）。

崩し・作り・掛け

講道館も、すでに見たように武徳会と同じ一九〇九年（明治四二）に財団法人化し、総館員数もこのころに一万人を超え、一九一四年（大正三）には一万五〇〇〇人に達したが、こうした組織上の発展とともに、嘉納治五郎の柔道についての考え方にも変化が見られる。

もともと嘉納は力学を応用して柔道の技を理論化し基礎づけることに力を注いできた。

そして一八九〇年代後半には、個々の技ではなく投げ技一般を基礎づけるために、「崩《くず》し・作《つく》り・掛《か》け」という考え方をまとめた。投げ技で相手を倒すためには、まず相手の「体の平均を失わせる」こと、つまり「崩し」が大切である。相手のバランスが崩れていないと、どんな技を掛けても、その有効性は期待できない。もちろん、それぞれの技によって有効な「崩し」方はさまざまである。いま自分が掛けようとしている技が掛けやすいように、相手を崩しながら、相手と自分の姿勢を整えること、これが「作り」と呼ばれる。そして、このようにして「作られた姿勢に対して技を施すこと」が「掛け」である。

この「崩し・作り・掛け」の考え方は、実技論・技術論を中心とした「講道館柔道講義」や『柔道教本』で説かれているが、一八九八年（明治三一）から一九〇二年まで『国士』に断続的に連載された「講道館柔道講義」から、一九三一年（昭和六）に出版された『柔道教本』（三省堂）まで、ほぼ一貫しており、ほとんど変っていない。

『柔道教本』では、「作と掛の関係は投げ技のみならず、いずれの技にも共通である」とされているが、もともとこの考え方が投げ技を念頭に置いたものであることは明らかであろう。だからこそ、嘉納自身、柔道のあらゆる技に共通する一般原理、つまり柔道の本質とは何かという問いを立て、「崩し・作り・掛け」とは別の解答を探したのである。

柔よく剛を制す

はじめのうち嘉納は、古くからいわれてきた「柔《じゅう》よく剛《ごう》を制《せい》す」（柔能制剛）あるいは「柔の理」が柔道の原理であり本質であると考えていた。たとえば、前記の「講道館柔道講義」のなかで嘉納は次のように述べている。

ここに乱捕《らんどり》にも形にもすべて柔道の勝負に通じて働いている大切な原理が一つあることを述べておかねばならぬ。それは柔道の柔ということである。柔術柔道の柔という字は柔能制剛の柔から取ったのであるという説があるけれど、実際はそうでなく「ヤワラ」を漢字で書くとき、和術とも柔術ともして、ただ「ヤワラカイ」という言葉に漢字を当てただけのことであるように思われる。しかしそんなことはどうあったにしても、ともかくも柔道の柔の字の意味は柔能制剛の柔の字の意味に当っている。柔道が相撲などとは全く違っていて高尚《こうしょう》な理論が伴っている修行であり、外国の人々がその理論を聴いて、いつも世界に類のない巧妙なる修行であるというて嘆賞するは、全くこの柔の理に基づいて勝ちを制するという点にあるのだと思う。（「講道館柔道講義」第三回、『国士』第一巻第四号、明治三二年（一八九九）一月）

柔の理（柔能制剛）とは、要するに「相手の力に逆らわず、順応して、その力を利用し、相手を制する」ことであるが、嘉納はしだいに、これだけでは説明できない場合が少なくないと考えるようになった。たとえば、手首をグッとつかまれたり、背後から抱きしめられたり、のどを絞められたりした場合、相手に順応して動くだけではどうにもならないだろう。このように考えると、「攻撃防禦《ぼうぎょ》の方法」について「単に柔の理の応用だけで説明することはむずかしくなってくる」。むしろ、いかなる場合にもそれぞれの状況に応じて「心身の力を最も有効に使用する」ということが、より一般的な原理であり、柔の理もその一形態と見るべきではないのか。

新しい原理

こうして嘉納は、「柔道は、心身の力を最も有効に使用する道である」という新しい定義に到達する。これは、一九一五年（大正四）から『柔道』に連載される「講道館柔道概説」における定義であり、「以前は、柔道は柔の理を応用して対手を制御する術を練習しまたその理論を講究する学科として教えておった」のだが、「以前の定義は不十分であった」という説明がついている。一九一三年（大正二）に発行された『柔道概要』（大日本武徳会修養団本部）では、まだ「柔道は柔の理を応用して対手を制御する術を練習し、またその理論を講究するもの」という定義が用いられているので、新しい考え方がはっきりしてくるのはやはり一九一五年の「講道館柔道概説」あたりからと見てよいであろう。また、柔道修行の究極の目的として「おのれを完成し、世を補益《ほえき》することと」が掲げられるようになるのも、この「概説」あたりからである。

「心身の力を最も有効に使用すること」を嘉納は、「心身の力」を「精力」といいかえて「精力最有効使用」とも呼び、さらには「精力最善活用」（もっと短縮して「精力善用」）の原理と称するようになった。こうして、柔道とは、柔の理（柔能制剛）を含む「精力最善活用」（精力善用）の原理に与えられた名称なのであり、「もはや単純な武芸ではなく、人事万般のことに応用せられ得る一の原理の名」であるとされる。

もともと講道館設立のころから嘉納は、柔道には体育（身体の鍛錬）、勝負（武術の修練）、修心（精神の修養、智育徳育）という三つの目的があると説いてきたが、今やこれらはすべて「精力最善活用」の原理の応用としてとらえられるようになり、さらには「人事万般」への応用ということも考えられるようになった。「その原理を攻撃防禦に応用すると武術が成立し、身体を強健にしかつ実生活に役に立たしむる目的に応用すると体育となり、智を磨き徳を養うということに応用すると智徳の修養法となり、これを衣、食、住、社交、執務、経営等人事百般のことに応用すると社会生活の方法という部門が出来るわけである」（「柔道の修行者は道場練習以外の修養を怠ってはならぬ」『柔道』第一巻第一号、講道館文化会、昭和五年〔一九三〇〕四月）。

講道館文化会

精力の「最有効使用」を「最善活用」といいかえた理由について、嘉納は「人間の行動は善を目的としなければならぬから」であると述べている（「柔道の発達」『新日本史』第四巻、万朝報社、大正一五年〔一九二六〕）。柔道の原理の人事万般への応用がいわれるようになって、心身の力を最も合理的に無駄なく使うという当初の意味に、善い目的のために使うという新たな意味がつけ加えられることになった。それゆえ、精力の最善活用とは「善を目的として、精力を最有効に働かせること」である。それでは、善とは何か。嘉納は「団体生活または社会生活の存続発展を助くるもの」は善、「これに反するもの」「これを妨ぐるもの」は悪、と単純明快に定義する。そして、このような意味での「善」を多少とも具体的に表現するために「相助相譲《そうじょそうじょう》」「自他共栄」というフレーズをしばしば用いた。

柔道の本質は心身の力の「最善活用」であり、その原理を会得することで自己を完成し社会に貢献するのが柔道を学ぶことの究極の目的であるという考え方、またその原理は人間の生活全般に応用できるものであり、相互の助け合いや共存といった価値の源泉になるという考え方は、大正初期、一九一五年ごろからしだいにはっきりしてくる。そのことは、当時の嘉納の著作や講話のなかに跡づけることができるが、嘉納自身も、新しい考え方が「大体まとまった」ので、一九二二年（大正一一）に講道館文化会を設立したと述べている。

講道館文化会は「多年講道館柔道の研究に依って体得した精力最善活用の原理を応用して世に貢献せん」ことを目的とする組織であり、「宣言」として「一、各個人に対しては身体を強健にし智徳を練磨し社会において有力なる要素たらしめんことを期す／二、国家については国体を尊び歴史を重んじその隆昌《りゆうしよう》を図らんがため常に必要なる改善を怠らざることを期す／三、社会に在っては個人団体おのおの互いに相助け相譲り徹底せる融和を実現せしめんことを期す／四、世界全般にわたっては人種的偏見を去り文化の向上均霑《きんてん》に努め人類の共栄を図らんことを期す」という四項目を示した。

講道館文化会は、さらに「綱領」として次の三項目を掲げる。

一、精力の最善活用は自己完成の要訣《ようけつ》なり
二、自己完成は他の完成を助くることに依って成就す
三、自他完成は人類共栄の基《もとい》なり

「人間の道」としての柔道

こうして、自己完成と自他共栄の道である柔道は、もはや単なる武術でないのはもちろん、武の領域をさえ越えた「文武の道」、「文武を包含した大きな人間の道」であり、「人間全般の指導原理」であるとされる。したがって、柔道の修行においては、乱取《らんどり》や形の練習と同時に「精神の修養」が大切であり、「道場練習以外の修養を怠ってはならぬ」のである。柔道は、二〇世紀に入るころから広まりはじめた修養主義思想との結びつきを強め、嘉納の言論活動においても「柔道家に是非持ってもらいたい精神」（一九二〇年）、「柔道と精神修養」（一九二五年）、「精力最善活用と修養」（同）といったテーマがしばしば取り上げられるようになる（修養主義については、筒井清忠「近代日本の教養主義と修養主義――その成立過程の考察」『思想』八一二号、一九九二年二月）。

もちろん、すでに述べたように、嘉納はもともと、柔道は体育・勝負・修心の三位一体の修行であるとしており、その意味では早くから修養主義的な傾向を示していたといえる。そのことが、新しい有為な人材を求める国家的要請にマッチし、講道館柔道の発展の一因となったわけだが、逆にその発展のなかで修養主義的傾向が強化され、人格の陶冶《とうや》と社会への貢献ということがますます強調されるようになった面もある。

こうした傾向は剣術や弓術などの他の武術にも及び、技術の習得と人格的・道徳的価値の涵養《かんよう》とを結びつける「武道」が形成されることになる。名称のうえでも、剣術（撃剣）は剣道に、弓術は弓道にと変化していく。

武道への転換

「道」はもちろん中国から日本に入ってきた漢字であるが、花道、茶道、武道など、いわゆるナントカ道《どう》といった用法は中国にはない、日本独特のものであるという（溝口雄三「思想としての『道』」東京大学公開講座48『道』東京大学出版会、一九八八年）。さまざまの伝統的な芸能や技芸の領域で、「道」という言葉がどのような意味をこめて使われてきたかについての詳細な検討は、寺田透『道の思想』（創文社、一九七八年）などに譲る。しかし、少し乱暴にいってしまえば、花道にせよ茶道にせよ、古くからの生け花や茶の湯が「花道」「茶道」として新たな価値づけを施されて広まっていくのは、明治の中期、ほぼ一八九〇年代以降のことなのである。

「花道」という言葉は一六八八年刊の『立華《りっか》時勢粧《いまようすがた》』にはじめてあらわれるというが、「花道」または「華道」という名称が広く一般化するのは、明治中期以降、生け花が女性の教育や修養の手段とされていく情勢に対応してのことである。「茶道」という言葉も千《せんの》利休《りきゅう》は使っておらず、江戸時代中期以降に使われはじめたとのことだが、とくに明治中期以降、新興の政財界人の間で茶をたしなむことや茶器を収集することが盛んになり、「茶道」という名称も普及したという。

武術から武道への転換も、明治中期から徐々に進んでいくと見てよい。その先駆となったのが講道館柔道であったが、剣術や弓術もそれぞれに近代社会への適応を図り、修養主義的価値を主張するようになっていく。

名称の定着

名称の変化についていえば、「剣道」という呼称が定着してくるのは、だいたい明治末期から大正初期にかけて（一九一〇年代前半）の時期であろう。設立以来、剣術、柔術、弓術という名称を用いてきた大日本武徳会も、一九一九年（大正八）に、剣道、柔道、弓道を用いることに改めたが、このころには柔道はもちろん、剣道という名称もかなり一般に広まっていた。

剣道、柔道にくらべると、弓道という名称の定着はいくぶん遅れる。ほぼ一九二〇年代の半ばごろといったところであろう。たとえば、政府主催の全国規模の総合的競技大会として企画された明治神宮競技大会の第一回大会（一九二四年）では、種目の正式名称として弓道が用いられたが、その試合結果を報じる『大阪朝日新聞』の紙面では、まだ弓術という名称が使われている。『大阪毎日新聞』のほうは、日によって弓道になったり弓術になったり一定していない。翌年からは、両紙とも弓道に統一された。

また、旧制高校の「弓術部」（または「弓芸部」）がいつごろ「弓道部」に改称されたかについて見ると、仙台の二高が一九一五年（大正四）であるが、これは最も早い例に属し、六高（岡山）は一九二一年（大正一〇）、三高（京都）は一九二三年（大正一二）である。他の高校もだいたい昭和初期（一九二〇年代後半）には「弓道部」となった。改称の理由はとくに述べられていないことが多いが、二高の場合は「遊戯的意義を多分にもつ弓術の字を廃し、人間的修行の標語とされる道の字を採る」と明記されているという（『京都大学弓道部百年史』京都大学弓道部反求会、一九九七年）。

武術専門学校の改称

武徳会における名称変更を推進したのは、一九一九年に武徳会副会長兼武術専門学校長に就任した西久保弘道（一八六三―一九三〇、元警視総監、のちに東京市長）である。西久保は、嘉納とほぼ同世代の内務官僚であるが、若いときから榊原鍵吉《さかきばらけんきち》や香川善次郎について剣を学び、無刀流の剛剣をもって知られた。福島県知事、北海道庁長官などを経て警視総監となるが、「剣術ではなくて剣道、武術ではなくて武道」というのが彼の持論であり、北海道庁長官時代の講演「武道講話」などでもこのことを強調している。

西久保によると、「柔道の方では東京高等師範学校の校長嘉納文学士のお蔭で柔道なる名称が一般に用いられるようになっている」が、剣道の方では無刀流山岡鉄舟《やまおかてっしゅう》の流れを汲む人びと以外は、剣術あるいは撃剣といっている人が多い。また、剣道・柔道などを総称する場合も、武道といわずに武術という言葉を使うことが多い。しかし、ほんらい「武の目的」は単なる「技術の上達」ではなく「体を鍛《きた》え胆《たん》を練《ね》る」という心身の修養にあるのだから、術という語は不適切である。技術が上達しさえすればよい、勝負に勝ちさえすればよい、というような誤った印象を与えてしまう。それゆえ、「術という言葉を避けて、特に高尚にして且《か》つまた武道本来の目的に適合する道という言葉を用いて、武なるものは決して技術でないという観念を明《あきらか》ならしむること」が重要である。さらに西久保は、武道を宣揚《せんよう》すべき武徳会が「剣柔いずれにも術の語を用いている」こと、とりわけ今日では社会一般に通用している「柔道」を「ことさら柔術と称して」いることは「奇怪千万」であり、「斯道《しどう》のために痛嘆《つうたん》せざるをえない」とまで述べている（『武道講話』警察協会北海道支部、大正四年〔一九一五〕。中村民雄編『近代剣道書選集』第一巻、本の友社、二〇〇三年、に収録されている）。

この西久保が武徳会副会長に就任し、付属の武術専門学校長を兼任することになったのである。さっそく、年来の持論を実現すべく、武術専門学校の校名を武道専門学校に変更し、また剣術、柔術、弓術に代えて剣道、柔道、弓道という呼称を用いることにした。

武徳会は武術指導者養成のために、一九〇五年（明治三八）、武術教員養成所を開設した。これが、一九一一年（明治四四）に武徳学校となり、さらに翌年、武術専門学校に昇格した。この伝統ある武術専門学校の校名変更であり、また長く使われてきた剣術、柔術、弓術という呼称の変更である。武術の総元締めともいうべき大日本武徳会の決定であるだけに、武術から武道への転換が定着したことを象徴する出来事であったといえよう。

なお、西久保は名称については柔道を高く評価していたが、武徳会幹部としては講道館に対して必ずしも好意的ではなかった。たとえば、この当時、講道館との申し合わせにより武徳会が独自に免許できる柔道の段位は三段まで、ということになっていたが、西久保は四段以上の高段位も武徳会の判断で出せるようにすべきだと主張するなど、一九二六年（大正一五）に彼が東京市長となって武徳会を去るまで、武徳会と講道館はしばしば摩擦を生じた。

近代化と「伝統」

伝統の発明

すでに見たように、武術から武道への転換を先導した嘉納治五郎《かのうじごろう》は、講道館柔道の合理性や科学性を説いて、旧来の柔術との相違、近代社会への適合性を強調するとともに、他方では、柔道はあくまでも日本古来の武術・武芸の伝統に根ざすものであると主張することも忘れなかった。嘉納の言説に最も典型的にあらわれているとはいえ、新しい時代への適合性（伝統との非連続性）と古い伝統とのつながり（連続性）とをともに主張しうるという、この二重の性質は、柔道にかぎらず剣道や弓道も含めた武道一般に見られるものであり、そのことによって武道は、近代社会にふさわしいマーシャル・アーツであると同時に、近代化にともなう社会の変動のなかでなおかつ変らない日本人の民族的・文化的アイデンティティを象徴する活動となることができた。

この意味で、武道は「近代の発明」であると同時に、エリック・ホブズボウムらのいう「伝統の発明」の一形態でもあろう。ホブズボウムらは、古くからの伝統とされているものでも、実は特定の価値や規範を正当化するために比較的近年になってから創られたものが少なくないことを、主としてイギリス史上の事例に即して明らかにした。

英国という君主国家が儀式的、かつ公けに示すページェントほど古色豊かで、はるか遠い昔にその起源を遡《さかのぼ》るものは他にないだろうと考えられている。しかしながら、……今日みられるようなページェントの形式は、十九世紀後半ないし二十世紀に創り出されたものなのである。「伝統」とは長い年月を経たものと思われ、そう言われているものであるが、その実、往々にしてごく最近成立したり、また時には捏造《ねつぞう》されたりしたものもある。（E・ホブズボウム、T・レンジャー編『創られた伝統』前川啓治・梶原景昭ほか訳、紀伊国屋書店、一九九二年）

ホブズボウムらによると、こうした伝統の創出はどんな時代にも見られるが、とりわけ旧来の価値や規範の動揺が激しい近代において多くの伝統が創《つく》られ、近代国家の形成と発展のプロセスとの関連において重要な社会的機能を果たしてきたという。

伝統と近代の微妙な関係

伝統と近代との関係は複雑である。ホブズボウムらは、激しい社会変動をともなう近代化の過程がいわばみずからの安定を保つために「伝統」を創り出すという点に着目したわけであるが、逆に伝統が近代化を促進する働きをすることもある。たとえば嘉納治五郎の場合、柔術から引き継いだ「伝統」のイメージは、彼がそれを意識的に利用したわけではないとしても、しばしば彼の活動にとって有利に働いた。

穏健ではあったが基本的には進歩派であり開明派であった若き日の嘉納が、三島通庸《みしまみちつね》、谷干城《たにたてき》、品川弥二郎《しながわやじろう》ら、保守派、国権派の実力者たちからさまざまの支援を受けることができたのは、嘉納のパーソナリティによる面もあるが、やはり「伝統的」な武術の実践者あるいは再興者というイメージによるところも大きかったと思われる。三島の武術好きはよく知られているし、谷、品川も若いとき、幕末の代表的な剣客、斎藤弥九郎のもとで学び、神道無念流の剣術をよくした。

とはいえ、嘉納はもちろん単なる伝統主義者ではない。武道の発展を推進しただけでなく、外来の西洋近代スポーツの普及・発展にも尽力したことはよく知られている。すでにふれたように、日本における近代スポーツの発展はオリンピックへの参加を通じて大幅に推進されていくのだが、そのオリンピック参加のいわば立役者が嘉納治五郎であった。

一九〇九年（明治四二）、日本人としてははじめて国際オリンピック委員会（ＩＯＣ）の委員に任命され、クーベルタンからオリンピックへの日本選手の参加を要請された嘉納は、一九一二年のストックホルム大会に日本選手を参加させるべく、安部磯雄《あべいそお》（早大運動部長）らとも相談のうえ、選手の選出と派遣のための母体として大日本体育協会を設立した（一九一一年）。はじめ嘉納は、文部省や日本体育会（国民体育の振興をめざして一八九一年〈明治二四〉に創立された団体、のちの日本体育大学の母体）などに働きかけたが、うまくいかず、結局みずから組織を立ち上げることになった。

大日本体育協会

一九一一年一一月、オリンピック派遣選手予選会を開催するにあたって大日本体育協会が全国に配布した趣意書によると、「内は以《もっ》て我国民体育の発達を図り、外は以て国際オリムピック大会に参加するの計画を立てんこと」が協会設立の趣旨であるとされている。

協会設立に際して嘉納はまず、浜尾新《はまおあらた》（東大総長）、高田早苗《たかたさなえ》（早大学長）、鎌田栄吉

（慶応塾長）らに呼びかけて協力をえている。当時のスポーツは、なんといっても学生のものだったからである。嘉納はまた、欧米のスポーツ事情に詳しい大森兵蔵と永井道明《みちあきら》を登用し、彼らを安部磯雄とともに協会の総務理事に据えた。

大森兵蔵（一八七六―一九一三）は、同志社や東京高等商業学校（現一橋大学）に学び、一九〇一年（明治三四）に渡米、スタンフォード大学に学んだが中退、東部に移ってマサチュセッツ州スプリングフィールドの国際YMCAトレーニング・スクール（体育部主事養成課程）を卒業、一九〇八年（明治四一）、トレーニング・スクール在学中に知りあって結婚したアニー夫人をともなって帰国した。

帰国後は、東京YMCA初代体育部主事、日本女子大兼任講師などを務め、またセツルメント・ハウス「有隣園」を創設した。日本にはじめてバスケットボールやバレーボールを本格的に紹介したのは大森であるといわれる。もともとバスケットボールは大森が学んでいたトレーニング・スクールの体育インストラクター、J・ネイスミスによって一八九一年に創案されたスポーツであり、バレーボールも同じマサチュセッツ州ホールヨークYMCAの体育主事、W・G・モーガンによって一八九五年に創案されたスポーツである（大森兵蔵については、水谷豊『白夜のオリンピック――幻の大森兵蔵をもとめて』平凡社、一九八六年、が詳しい）。

もう一人の総務理事、永井道明（一八六八—一九五〇）は、東京高等師範の出身、兵庫県立姫路中学の校長を務めていたが、一九〇五年（明治三八）、文部省から派遣されて海外体育事情調査に出張、北欧を含む欧米諸国を視察して一九〇九年に帰国した。その後、東京高師で教鞭を取りながら、学校体操の統一的なカリキュラムの作成に努力し、スウェーデン体操などを取り入れた日本最初の「学校体操教授要目」（文部省訓令第一号、一九一三年）の作成・公布に中心的な役割を果たした。

オリンピック初参加

一九一二年二月に開かれた選手詮衡会《せんこうかい》では、前年の予選会の記録に基づき、短距離の三島弥彦《やひこ》（東大）とマラソンの金栗四三《かなぐりしぞう》（東京高等師範）の二人をストックホルムに送ることが決まった。三島弥彦は、かつての警視総監、三島通庸の息子（五男）である。四半世紀近く前の、警視庁武術大会での柔術諸派と講道館柔道との対決を思って、嘉納の胸にはいささかの感慨があったかもしれない。三島は学習院から東大に進んだが、万能のスポーツマンで、野球、水泳、相撲、柔道（当時、初段）などで活躍した。前記の天狗倶楽部のメンバーでもあった。ついでながら、当時の東大柔道部のキャプテンは、のちに外交官となり、嘉納を助けて第一二回オリンピック大会

（一九四〇年）の東京招致に努力する杉村陽太郎である（一三二ページ参照）。

予選会のマラソンで優勝した金栗のタイムは二時間三二分四五秒、当時の世界記録が二時間五五分余であったから、驚異的なタイムであり、速すぎるのではないかと問題になった。どうやら、地図上の計算でコースを定めたため、距離が少し短かったらしい。その責任者は、参謀本部の一万分の一の地図を用いて計測を行なった中沢重雄である。中沢は東大工学部を出て京浜電車鉄道技師長を務めていたが、同時に新進の文芸批評家でもあり、中沢臨川の筆名ですでに『鬢華集《びんげ》』や『自然主義汎論』を出版していた。臨川はまた押川春浪の親しい友人で、天狗倶楽部の中心人物の一人でもあった。

第五回オリンピック、ストックホルム大会は一九一二年（明治四五）七月に開催された。日本がはじめて参加したオリンピックである。入場式のときの写真を見ると、旗手が三島、NIPPONの国名プラカードをもつ金栗、そのうしろに正装の嘉納治五郎（団長）、大森兵蔵（監督）、田島錦治の三人の役員が並んでいる。

田島は東大出身の経済学者で京大教授、当時ベルリンに留学中であった。弓道をよくし、大日本武徳会範士、京大弓術部の初代部長である。のちに京大を定年退職後、立命館の学長を務めた。

監督の大森はアニー夫人を同伴して、選手とともに五月に出発。大会終了後、夫人とともにアメリカを旅行したのち帰国の予定であったが、旅行中に以前から冒されていた肺結核が悪化し、一九一三年（大正二）一月、カリフォルニア州パサディナの病院で死去した。三七歳であった。

競技のほうは、三島が一〇〇メートル、二〇〇メートルは予選落ち、四〇〇メートル予選は出場者が二人だ

図23　オリンピック・ストックホルム大会入場行進

ったため二位で準決勝出場権を得たが棄権、マラソンの金栗も途中棄権と、芳《かんば》しくなかった。しかし、いろいろ学ぶことは多く、日本が世界のスポーツ水準に多少とも近づいていく第一歩となった。

アントワープ大会

次のオリンピックは、第一次世界大戦を挟んで、一九二〇年（大正九）のアントワープ大会であった。まだまだ技術の差が大きいのでオリンピック参加は時期尚早であるという意見も少なくなかったが、嘉納は、参加することが差を縮める早道だとして、選手派遣の方針を曲げなかった。今回はテニスの熊谷一弥《くまがいいちや》と柏尾誠一郎以外の選手たちを早めに出発させ、アメリカおよびイギリスで二ヵ月ほどの見学と練習を終えてからアントワープに行くという旅程を組んだ。アメリカ滞在中にアメリカ人のコーチを雇い、はじめて当時の基本的な練習方法や技術にふれることができたという。参加選手の一人、山岡慎一の回想が『大日本体育協会史』に記録されている。

例えば、百米走るにしても、ただ始めから、がむしゃらで体力をセーブすることなどを一向に考えずに、滅茶苦茶に力走することより他に知らなかったのが、合理的な走法に改められ、スタートの孔を掘るにしても、ちゃんと理論的根拠に基いた正規の方法があることも、始めて知ったような有様であった。これは陸上に限らず、水上でも左様であって、各国の選手は既にクロールでやっているのに、日本では、なんでもかんでも小抜手《こぬきて》で対抗したという状態であった。

アントワープ大会で日本選手団の主将を務め、十種競技に出場した野口源三郎は、棒高跳びで三㍍の日本記録をもっていた。しかしアントワープでは、競技前の軽いウォーミング・アップのバーの高さが三㍍であった。各国選手が次々とこれを越えていくなかで、野口は自分の番がくると、とくに頼んでバーを二㍍八〇に下げてもらった。もちろん、これを笑ったりする者はなく、むしろその率直な態度が好感をもって迎えられたというが、技術水準の差は歴然としていた。野口はのちに東京高師教授、戦後は東京教育大教授となり、体育学者として活躍した。

結局この大会では、テニスのシングルス（熊谷）、ダブルス（熊谷、柏尾）の銀メダル以外はさしたる戦績を残せなかったが、「競技全般にわたって、本格的な技術や方法を正しく学び得て帰ったことは、日本競技界にとっての大きな収穫であった」といわれる（前掲『大日本体育協会史』）。

このアントワープ大会を契機に、嘉納は体育協会の会長職を岸清一に譲って名誉会長の位置に退いた。そして協会は新会長のもとで一九二五年（大正一四）、各種競技団体の連合組織へと改組される。嘉納は体育協会会長を退いたあとも、IOC委員としての活動は続け、晩年はオリンピック大会の東京への誘致に力を尽くすことになる。

「伝統」イメージの効用

嘉納治五郎にIOC委員を委嘱するについては、当時の駐日フランス大使オーギュスト・ジェラールがクーベルタンから人選を依頼され、日本外務省とも相談のうえで決定したというが、その際、嘉納が単に著名な教育者（当時、東京高等師範校長）であるだけでなく、日本の伝統的なマーシャル・アーツを代表する存在であるということが、十分に考慮されたものと思われる。そして実際、IOCや日本体育協会にかぎらず、人を組織し物事を動かしていくうえで、武道を彩る「伝統」のイメージは、しばしば暗黙のうちに嘉納の身元を保証し、近代化の方向に沿った彼のさまざまな企図や活動を正当化し、それらに対する幅広い支援を取りつけるのに役立った。「伝統の発明」が近代化の促進に結びつく一つの形がここに見られる。

もちろん、嘉納のパーソナリティというか、人柄の力もあった。嘉納は諍《あらそ》いを好まない温和な人柄で、現実的なバランス感覚もよく、オーガナイザーとしての能力に恵まれていた。

漱石の嘉納治五郎評

嘉納の人柄、言動について、夏目漱石は「上手《じょうず》な人」という評言を残している。東大の英文科卒業を控えた漱石には学習院への就職の話があったが、これは結局だめになり、その後、一高と高等師範からほとんど同時に口がかかった。しかし、漱石によると「私は高等学校（一高）へ周旋してくれた先輩に半分承諾を与えながら、高等師範の方へも好い加減な挨拶をしてしまったので、事が変な具合にもつれて」しまう。「私の個人主義」という学習院での講演のなかでこのことにふれながら、漱石は次のように述べている。

するとある日当時の高等学校長、今では慥《たし》か京都の理科大学長をしている久原さんから、ちょっと学校まで来てくれという通知があったので、早速出掛けて見ると、その座に高等師範の校長嘉納治五郎さんと、それに私を周旋《しゅうせん》してくれた例の先輩がいて、相談は極った、此方《こっち》に遠慮は要らないから高等師範の方へ行ったら好かろうという忠告です。私は行掛り上否《いや》だとはいえませんから承諾の旨を答えました。が腹の中では厄介《やっかい》な事になってしまったと思わざるを得なかったのです。というものは今考えると勿体《もったい》ない話ですが、私は高等師範などをそれほど有難く思っていなかったのです。嘉納さんに始めて会った時も、そうあなたのように教育者として学生の模範になれというような注文だと、私にはとても勤まりかねるからと逡巡《しゅんじゅん》したくらいでした。嘉納さんは上手な人ですから、否そう正直に断られると、私はますます貴方に来て頂きたくなったといって、私を離さなかったのです。

一八九三年（明治二六）のことであるから、このとき漱石は二六歳、嘉納は三二歳、高等師範の校長に就任したばかりであった。

こうしてとにかく漱石は高等師範で教えることになるわけだが、「教育者として偉くなりうるような資格は私に最初から欠けていたのですから、私はどうも窮屈で恐れ入りました。嘉納さんも貴方《あなた》はあまり正直過ぎて困るといったくらいです……」ということになり、「どうあっても私には不向な所」「まあ肴屋《さかなや》が菓子屋へ手伝いに行ったようなもの」と感じた漱石は、一年半ほどで、のちに『坊つちゃん』の舞台となる松山中学へ転出してしまう。

漱石のいくぶん皮肉な嘉納評のなかに、二人の気質の違いとでもいうべきものがはっきりとあらわれていて興味深いが、オーガナイザーとしての嘉納治五郎という面からいえば、「上手な人」が「伝統」のイメージを背負っているのであるから、これはもう鬼に金棒のようなものであろう。

東京オリンピック返上

晩年の嘉納治五郎は、オリンピック大会の日本への招致に努力した。オリンピックの招致に東京が名乗りをあげたのは一九三一年（昭和七）のことである。当時の東京市長、永田秀次郎らはいわゆる「皇紀二千六百年」記念事業の目玉として、一九四〇年（神話上の計算ではこの年が皇紀＝建国二六〇〇年にあたる）の第一二回オリンピック大会を東京に招致することを企画し、これが一九三二年七月のIOCロサンゼルス会議で正式に提案された。このときの日本のIOC委員は、嘉納と、一九二四年から二人目の委員となった岸清一であった。嘉納のあとを受けて第二代日本体育協会長の職にあった岸は、はじめ時期尚早として東京招致に反対であったが、嘉納と朝日新聞社副社長、下村宏（海南）に説得されて、協力することになったという。

その後、曲折はあったが、一九三三年のIOCウィーン会議、一九三五年のオスロ会議を経て、一九三六年七月のベルリン会議で東京開催が決定する。この過程で嘉納を助けて

図24　杉村陽太郎

活躍したのが、当時の駐イタリア大使、杉村陽太郎（一八八四―一九三九）である。東大から外務省に入り、国際連盟事務局次長、イタリア大使、さらにフランス大使などを歴任した外交官、一九三三年から三六年までは日本三人目のＩＯＣ委員も務めた。もともと嘉納塾の出身で若いときからスポーツを好み、とくに柔道、水泳、陸上競技などにすぐれていた。一九〇五年の大阪毎日新聞社主催大阪湾一〇マイル遠泳大会では二時間四八分で優勝、また全盛期の東大柔道部の主将でもあった。なお、当時の外相は広田弘毅（一九三六年から首相）。嘉納からみれば柔道の弟子であり、杉村からみれば講道館の先輩である。いわば講道館トリオが活躍したともいえる。

　こうしてともかくオリンピックの東京招致はひとまず成功したが、ヒトラー政権下でのベルリン大会終了後、世界情勢は緊迫の度を加え、翌一九三七年七月には盧溝橋《ろこうきょう》事件を発端として日中戦争がはじまり、各国のボイコット運動などもあって、せっかくの東京開催も危ぶまれる事態となった。しかし、この問題の検討を主たる議題として開かれた一九三八年（昭和一三）三月のＩＯＣカイロ会議では、嘉納を中心とする日本代表団がなんとか難局を切り抜け、東京開催は再確認された。

カイロ会議のあと、嘉納はギリシャとアメリカを訪れ、四月二三日、カナダのバンクーバーから日本郵船の氷川丸で横浜に向かったが、五月三日、肺炎のため船中でその七八年の生涯を閉じた。

もちろん嘉納は、二年後のオリンピック東京大会の開催を信じていたにちがいない。しかし、よく知られているように、この大会は実現しなかった。嘉納の死後間もない一九三八年七月、しだいに戦時色の強まるなかで近衛内閣は開催中止を閣議決定し、オリンピック東京大会組織委員会に対して「現下の時局は挙国一致物心両面にわたり益々《ますます》国家の総力を挙げて事変の目的達成に邁進《まいしん》するを要する状態なるに鑑《かんが》み、オリムピック大会はこれが開催を取止むるを適当なりと認むるを以《もつ》て、此の趣旨御諒承の上、善後の処置を講ぜられ度《たく》……」との通牒《つうちょう》を発し、組織委員会もこれを受けて東京大会の返上を決定した（招致活動の開始から返上までの経緯については、橋本一夫『幻の東京オリンピック』ＮＨＫブックス、一九九四年、が詳しい）。

スポーツの「武道」化

武道イベントの発展

武道のイベント化

一九三〇年代は武道の発展期であるといわれる。この発展の一面は武道のイベント化に見られるが、一九三〇年（昭和五）に開始される全日本柔道選士権大会はその代表的な例である。

もともと嘉納治五郎は、演武会やイベントの開催を柔道の普及・発展に有益なものと考えて重視してきた。講道館内のイベントとしては鏡開《かがみびらき》式や紅白試合、暑中稽古や寒稽古などが開館後間もないころから行なわれており、また館外の地域対抗試合、学校対抗試合などのイベントについても講道館は支援を惜しまなかった。そうした活動を下地にして、全国規模のイベントが企画されたわけである。この企画について嘉納は雑誌『柔道』誌上で次のように述べている。

我が国における柔道はようやく今日全日本的の柔道となり、追々《おいおい》世界的の柔道とならんとするの気運に向かい慶賀至極である。現在柔道の有段者は何万をもって数うるに至り、各府県においては有段者会のあらざるところなく、樺太《からふと》、北海道、台湾、朝鮮、満州はもちろん海外においてもすでに有段者会の設けある地方も生じ、漸次《ぜんじ》その数を増さんとするの状勢に進んできた。先般宮内省において柔道、剣道の大会を催させられたことのごときは、この普及を促進せしむるに有効であったものと信ずる。将来は全世界における選士権大会を設くる必要も生じてくると思うが、今日においては全日本の選士権大会を設くるの挙は後れたりというも尚早とは考えられぬ。……かくのごとき組織的の柔道大会は開闢《かいびやく》以来初めての挙であって容易の事業ではない。しかし中央有段者会と大阪および東京の朝日新聞社の後援を得たので、成功を期することが出来るに至ったのである。（「全日本柔道選士権大会と精力善用国民体育」『柔道』第一巻第七号、講道館文化会、昭和五年〔一九三〇〕一〇月）

この大イベントの企画にあたって嘉納の念頭にあったのは、一九二四年（大正一三）から はじまった明治神宮競技大会と、右の文中にも出てくる宮内省主導の御大礼記念天覧武道大会（一九二九年〔昭和四〕五月）であった。

明治神宮大会

現在の国民体育大会の原型といわれる明治神宮競技大会は、内務省の主催で開始された大規模なスポーツ・イベントである。

当時の内務大臣は若槻礼次郎。第二回大会の開会式の式辞で若槻は、「新興日本建設の英主に存す明治大帝神霊の御前に全国の選手を会し、先帝の御聖徳を偲び奉ると共に、国民の心身鍛練に資し、併せて質実剛健なる国民精神の作興を図る」ことが大会の目的であるとし、そのために「古の武道」か「新来の競技」かを問わず「国民の心身鍛練の要道たるべきものを広く網羅」する、と述べている。したがって、この大会の競技種目には陸上競技、水泳、テニス、野球、フットボール、バレーボール、バスケットボール、ボートなどのほかに、剣道、柔道、弓道、相撲なども含まれており、嘉納治五郎もはじめから大会の顧問に名を連ねていた。

明治神宮競技大会は第三回から、新設の明治神宮体育会の主催となり、名称も明治神宮体育大会と変更されたが、大会の基本的な性格そのものに変化はなかった。なお、この一連の「神宮大会」については、その政治的・イデオロギー的意味の分析を含めて、入江克己による詳細な研究がある（『昭和スポーツ史論——明治神宮競技大会と国民精神総動員運動』不昧堂出版、一九九一年）。

御大礼記念天覧武道大会

一方、昭和天皇の即位を奉祝する御大礼記念天覧武道大会は「武道界空前の盛事」といわれ、一般にも剣道および柔道の日本一を決める大試合として関心が高かった。選手は、武道専門家を中心に選ばれる指定選士と、専門家以外から各府県代表として選ばれる府県選士とに分かれ、この二部門でそれぞれに優勝を争う。

指定選士は、剣道・柔道各三二名。宮内省から委嘱された詮衡《せんこう》委員の投票と合議によって選出された。選出にあたった詮衡委員は、剣道が川崎善三郎（無外流）、高野佐三郎（小野派一刀流）、高橋赳太郎（無外流）、内藤高治（北辰一刀流《ほくしんいっとうりゅう》）、中山博道（神道無念流《しんとうむねんりゅう》）、門奈正（北辰一刀流）の六名、柔道は全員が講道館柔道からで磯貝一《はじめ》、飯塚国三郎、田畑昇太郎、永岡秀一、山下義韶《よしつぐ》、佐村嘉一郎の六名で、これらの詮衡委員が審判員も兼ねた（ただし内藤高治は詮衡会後死去したため、剣道の審判員は内藤に代わって矢野勝治郎〔直心影《じきしんかげ》流《りゅう》〕が務めた）。府県選士は、北海道、樺太、朝鮮、台湾なども府県に数えて、全国五一地

図25　御大礼記念天覧武道大会柔道指定選士の部決勝戦（講道館提供）

大阪朝日新聞

昭和四年五月六日（月曜日）

聖上陛下の御前に
快心の武技を競ふ
白熱の大試合を御興深く天覧

宮城内武道大會（第二日）

節句の五日の空は限なく晴れて雲翳なく遊ふ風は勇み踊るやうに大内山の木の間にわたり、五月幟も空高く吹き揚り御一代御一度の御大典記念に輝く武道試合が催される晴れの日である

優勝者
劔道　府縣代表　横山丞十
　　　指定選士　持田盛二
柔道　府縣代表　木原久夫
　　　指定選士　栗原民雄

劔道
府縣代表
少壯劔士横山二老巧を破
朝鮮の名劔「左上段」の強

陪観者

各大臣

御紋章

達人に

図26　大会の結果を伝える新聞記事（『大阪朝日新聞』1929年５月６日）

区から一名ずつ選出。各府県の陸軍、海軍、在郷軍人、警察、学生、青年団など七団体から選ばれた代表者のリーグ戦によって決定された。

大会は、宮城内の武道場、済寧館《さいねいかん》と、主馬寮の覆馬場《おおいのばば》に特設された道場を会場として、五月四日にリーグ戦形式による予選、翌五日に剣道の準々決勝・準決勝・決勝、柔道の準決勝・決勝が行なわれ、これら二日目の試合が天覧の対象となった。剣道指定選士の部では、持田盛二範士が高野茂義範士を下して優勝、柔道指定選士の部では、栗原民雄六段が牛島辰熊五段を下して優勝した。持田は当時、朝鮮総督府師範、四五歳、栗原は武道専門学校教授、三四歳であった。

三審制と引分け廃止

この大会については、その全記録を収め、役員、審判員、出場選手の感想などを集めた一〇〇〇ページを超える大冊が翌年出版されている（宮内省監修、大日本雄弁会講談社編『昭和天覧試合』大日本雄弁会講談社、昭和五年〔一九三〇〕）。この本を読むと、いろいろと新しい試みがこの大会で採用されていることがわかる。たとえば、審判を三人とし、進行の都合上代表者を置くが、三人に同等の権威を認め決定は多数決によるとした「投票的審判法」を取ったこと、また引分けを廃止し必ず勝敗を決するとしたこと、などである。当時は、とくに指定選士に選ばれるような範《はん》士《し》・教士《きょうし》クラスの上級者ともなると、はっきりと勝敗をつける試合をすること自体、ほとんどなかった。この点について、剣道の詮衡委員兼審判員であった門奈正は次のように述べている。

なお、本大会に於て特に感じました事は、範、教士といえども、勝負を決せしめられたことであります。……

武徳会本部に於ても、明治三十三四年頃までは……勝負をつけられていたのでありますが、その後武徳会本部では、範、教士の試合は模範試合とか審判を要せずという規定の下に、敢《あ》えて勝負をつけないことになりましたために、いずれも安心して試合に臨むという有様になったのであります。

然《しか》るに、この度《たび》の大会に於ては、範、教士といえども、ことごとく審判を附して勝負を決せしめられたのであります。これは実に武道界のために慶賀すべき事であり、望ましい事であります。

もちろん、これらの新機軸に対しては、審判の権威を損なう、武道の競技化・スポーツ化は好ましくない、といった反対意見もなかったわけではないが、少なくともこの本に寄稿している人たちの大多数は新しい試みを評価し歓迎している。

イベント効果

嘉納治五郎も役員の一人として「天覧武道試合所感」を寄せているが、彼はむしろ武道に「一般国民の注意を喚起」したイベント効果を評価している。

思うに、柔道剣道はともに武術として価値あるのみならず体育としても尊重すべきものである。然《しか》るにこれを他のスポーツ等に比すれば、後者が民衆環視の中に熱狂裡に行われ、新聞雑誌等も盛んにこれを掲げ、近来ますます隆盛に赴《おもむ》きつつあるに反し、後者は依然旧慣を墨守《ぼくしゅ》して殆《ほとん》ど道場より一歩も出ずることがなかった。従って武道が一般国民より親しまれ、重んぜられねばならぬ多くの理由あるにも拘《かか》わらず、却《かえ》ってこれより遠ざかるが如《ごと》き傾向を有したのがその実際であった。（前掲『昭和天覧試合』）

しかし今回はメディアの注目度も高く、『大阪朝日新聞』などは五月六日付け紙面の一面トップで試合の最終結果を報じた（一四〇ページ図26）。そういうことも含めて、嘉納はこの大会が「国民の視線」を「我が国固有の武術」に向けさせ、「柔道・剣道の奨励上、大いに好影響を及ぼした」ことを高く評価する。しかし一方で彼は、みずからこの大会の顧問に名を連ねていたにもかかわらず、「優秀なる技術を有する第一流の柔道家を、御前試合に出場せしむるに不便な仕組みになっていた」とも述べている（「天覧武道大会について」『作興』第八巻第六号、昭和四年〔一九二九〕六月）。

では、どこが「不便」であったのか。また、嘉納自身がデザインした全日本柔道選士権大会はどういう仕組みになっていたか。

全日本柔道選士権大会

全日本柔道選士権大会は、樺太から台湾、朝鮮、満洲まで含めて全国を八地区に分け、それぞれの地区から代表選手を出す方法を取り、選手の種別については、ほぼ天覧大会にならって、「専門選士」（柔道の指導を主要なる任務とする者および将来柔道指導者となる目的を以って修行中の者）と「一般選士」（柔道を自己の修養または趣味として修行し、これを専門とせざる者）とに大別した。予選は専門選士・一般選士とも地区ごとに行なわれるが、トーナメント方式の公開試合を原則とし、「詮衡推薦による」選出は「事情やむを得ざる」場合にかぎるとした。前年の天覧大会の

「不便な仕組み」について嘉納は明言しなかったが、おそらく、「指定選士」を六名の詮衡委員だけで決めたことを念頭に置いての発言であったと思われる。

嘉納はまた、「血気盛りの者」と「老成練熟の者」とはおのずから違うとして、年齢による四区分、つまり「壮年前期」（満二〇歳以上満三〇歳に達せざる者）、「壮年後期」（満三〇歳以上満三八歳に達せざる者）、「成年前期」（満三八歳以上満四四歳に達せざる者）、「成年後期」（満四四歳以上）という区分を設けた。したがって大会では、八地区・四年齢層にわたる「専門」および「一般」選手六四人によって、八種の優勝が争われることになる。

大会は一九三〇年一一月一五、一六の両日にわたって、神宮外苑相撲場に特設された道場で行なわれ、大成功を収めた。もともと継続を前提とせずにはじめられた大会であったが、この成功によって、以後毎年開催されることになった。

嘉納自身も認めているように、成功の大きな要因の一つは朝日新聞社の後援を取りつけたことにあった。これによって、経済的な面でも、宣伝効果の面でも、多くのメリットが得られた。大会の決算報告を見ると、会場使用料および設備費に二四〇〇余円、選士旅費滞在費補助に二一〇〇余円、賞牌賞状および記念品費に一六〇〇余円といったところが主な支出であるが、朝日の寄付金が一五〇〇〇円で、全費用の二〇％以上をカバーしている。

報道に関しても、『朝日新聞』は当然かなりのスペースをさいたが、『読売新聞』『大阪毎日新聞』などの各紙も結構大きな扱いであったので、大会をふりかえった談話のなかで嘉納は「今回の大会の成功は、朝日新聞社の後援に負うところが少なくない」と述べたうえで、「〔東京・大阪〕両朝日新聞社以外の各社の好意ある記事」にも謝意を表している（「全日本柔道選士権大会の跡を見て」『柔道』第一巻第九号、講道館文化会、昭和五年〔一九三〇〕一二月）。なお、翌年の第二回大会から『朝日新聞』は、大会前の三日間ほど連載で予想記事を掲載するようになった。

女子柔道のデモンストレーション

第一回大会のプログラムを見ると、試合以外のデモンストレーションとして、たとえば嘉納師範と山下九段による「古式の形」、永岡秀一九段と磯貝一九段による「極の形」、佐藤金之助六段による「五人掛」、佐村嘉一郎七段と三船久蔵七段による「高段者乱取」などが組まれているが、そのなかに堀歌子と乗富《のりとみ》政子による「女子乱取」、森岡康子と芥川綾子による「柔の形」なども含まれている。当時、講道館は女子柔道の普及に力を入れはじめていた。

講道館が正式に女子柔道の教授をはじめるのは一九二三年（大正一二）、開運坂道場に女子部を設置するのは一九二六年（大正一五）であるが、嘉納は比較的早くから希望者に

図27　昭和初め頃の講道館女子部の稽古風景（講道館提供）

は入門を許し、本田存《ありや》らに指導させ、みずから稽古をつけたりもしていた。一九三五年（昭和一〇）の『柔道』誌上の座談会で、最も早い時期の入門者の一人である宮川久子（座談会当時・桜蔭高等女学校校長）は、自分が入門を許されたのは明治三三、四年（一九〇〇―〇一）ごろと語っている（「女子柔道座談会（一）」『柔道』第六巻第六号、講道館文化会、昭和一〇年〔一九三五〕六月）。

この座談会には前記の芥川綾子も出席しており、「東京女子家政学院学生、女子初段」と紹介されているが、若輩のせいであろう、ほとんど発言していない。講道館が女子の段級制を導入したのは一九三三年であるが、記録によると、芥川は一九三四年一月に森岡康子とともに初段を授与されている。このとき、乗富政子は二段を授与され、以後、三五年一一月に三段（芥川は二段）、三七年五月に四段（芥川は三段）と順調に昇段し、乗富・芥川の二人がいわば当時の女子柔道の看板となっていく。

しかし、女子柔道には試合の制度がなかったため、競技として発展することはできなかった。試合が行なわれるようになり、女子柔道が競技として、またイベントとして大きく発展するのは、第二次世界大戦後、それも一九七〇年代以降のことである。

講道館のイベント戦略

全日本柔道選士権大会のねらいの一つは、嘉納によれば「大衆をして柔道を理解せしむること」にあった。そのためには、一般の多くの人びとに一流の柔道家の試合を「観覧せしむる」ことが大切だが、そのような機会はこれまでほとんどなかった。だから、「今回のごとき催し」によってはじめて「柔道の民衆化」が可能になるのである（「いよいよ近づいた全日本選士権大会」『柔道』第一巻第八号、講道館文化会、昭和五年〔一九三〇〕一一月）。

この「民衆化」の方針にそって嘉納は、講道館内部のイベントであった鏡開式や紅白試合をも一般公開することを試みた。一九三〇年からは「一月の鏡開式を定例の道場において行う式のほかに、その延長として、さらに日比谷の公会堂において行う」こととし、またその翌年からは「春期紅白試合も、平素の道場における紅白試合を終えた後、その中の優秀のものを選抜して、さらに公会堂において挙行し、広く一般の人に見せることにした」。

これらのイベントも成功した。はじめての公開鏡開式は入場無料であったが、二回目(一九三二年)からは入場料を取ることになった。同じ年の六月一三日夜に開催された最初の公開紅白試合(講道館選抜紅白大試合)も、二〇〇〇人以上の観客を集め、八二七円の入場料収入をもたらした。入場料を取ることについては反対意見もあったが、嘉納は「自給自足のため」として意に介さなかった。結局、鏡開式、紅白試合ともに、五〇銭および一円の会員券を発行するという形で入場料を取り、会場費などにあてた。

嘉納はまた、全日本柔道選士権大会の出場資格が二〇歳以上であったことから、それ以下の年齢層を対象とした全国大会を考え、一九三一年から全日本中等学校柔道選士権大会を開催することとし、これについては大阪毎日新聞社と東京日日新聞社の後援を取りつけた。

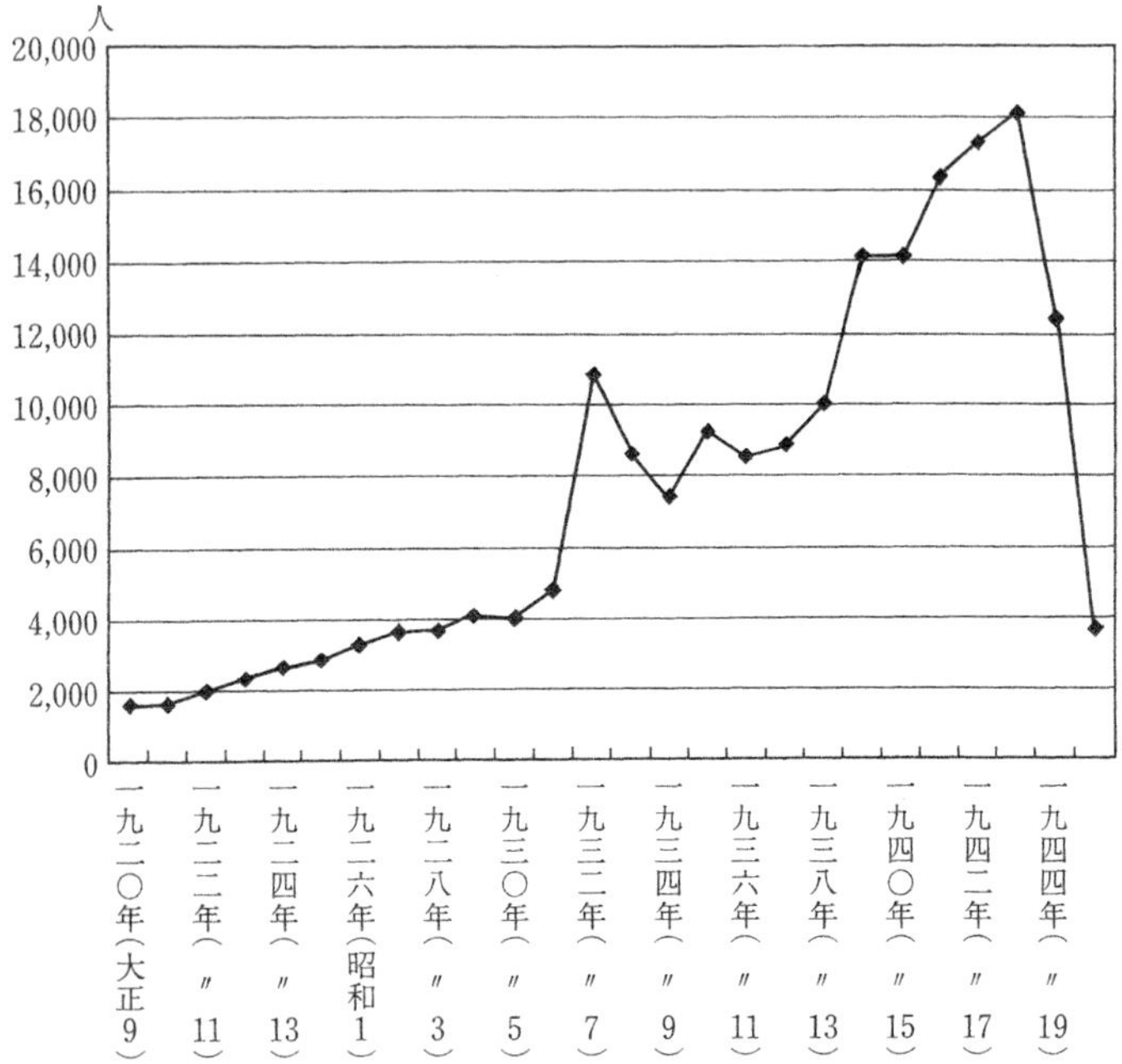

図28　講道館への年度別入門者数（1920—45）

このようにして嘉納は、柔道を、観客を動員しうる「見る武道」として、また今日いうところのメディア・イベントとして発展させていくのである。

こうしたイベント戦略の成功もあって講道館の入門者数も急増し、一九三二年ごろからは毎年八〇〇〇人から一万人もの入門者を数えるようになった（図28参照）。そして一九三三年（昭和八）の末には、五一〇畳の大道場をもつ地上三階、地下一階の建物が水道橋に新築され、講道館はここに本拠を移した。

イデオロギー装置としての武道

武道のイデオロギー化

一般的にいって、近代日本におけるスポーツと武道は相互に影響しあいながらともに発展してきた。外来の欧米型スポーツの発展は伝統的な武術の近代化に影響を与え、逆に「一高式野球」の場合に見られるように（一〇〇ページ参照）、外来スポーツが武術・武道的発想の影響を受けることもあった。そして両者はともに、しかしいくらか違った形で、国民意識の形成と強化に大きな役割を果たしてきた。つまり、欧米型のスポーツが、国際的競争をともないながら変化し進展する世界における国民意識の形成・強化に主として関連していたとすれば、武道は、その変化する世界においてなおかつ変わらない伝統的価値とのつながりの確認、国民の文化的アイデンテイティの保持に主として関連していた。その意味で、スポーツと武道の間には一種の分業関係が成り立っていたともいえる。

しかし一九三〇年代に入って軍国主義的な風潮が強まってくると、スポーツと武道との関係のバランスが崩れ、しだいに武道が優勢になってくる。武道の側からいえば、これは発展であり、さらには「躍進」であったが、それは反面において、当時の国粋主義や軍国主義の方向に武道が強く引き寄せられていく過程でもあった。

一九三一年（昭和六）の満洲事変から翌年の満洲国建国、そして国際連盟脱退（一九三三年）、日中戦争（一九三七～四五年）、さらに太平洋戦争（一九四一～四五年）へと進んでいく時代の情勢のなかで、武道は「日本主義」思想や「皇国史観」などと結びついて、戦争への国民総動員のためのイデオロギー装置の一部に組み込まれていく。一九三四年（昭和九）と一九四〇年（昭和一五）にそれぞれ「皇太子殿下御誕生奉祝」「皇紀二千六百年奉祝」として天覧武道大会が開かれたのも、また武道が学校体育のカリキュラムのなかに編入されていくのも、そのような動きの一環である。

学校体育への編入

すでに見たように、一九一一年の中学校令施行規則の改正によって「体操は教練及体操を授くべし又撃剣及柔術を加うることを得」とされ、撃剣・柔術を体操の正課として行なってもよいことになった。一九二六年には、撃剣が剣道に、柔術が柔道に変更されたが、体操の科目に「加えることができる」という消極的な規定は変わらなかった。

それが、一九三一年（昭和六）の師範学校規程および中学校令施行規則の改正では、師範学校に関しては「男生徒に就きては剣道及柔道を加え授くべし」となり、中学校に関しては「体操は体操、教練、剣道及柔道、遊戯及競技を授くべし」となった。つまり、剣道および柔道が必修化されたのである。その理由については「文部省訓令」のなかで「剣道及柔道が我が国固有の武道にして、質実剛健なる国民精神を涵養《かんよう》し心身を鍛練するに適切なるを認めたるが為《ため》にして、両者又は其《そ》の一を必修せしめんとす」と説明されている。

さらに一九三六年（昭和一一）には学校体操教授要目の改正によって、剣道・柔道の教授要目が制定され、同時に弓道・薙刀《なぎなた》も選択科目として採用された。また、一九三九年には、尋常小学校五年以上と高等小学校の男児に対して正課外の時間に武道（剣道および柔道）を教えることが定められ、おおむね一週二回、一回およそ三〇分が基準とされた。さらに一九四一年には、国民学校令が公布され、従来の「体操」が「体錬」に変わり、体錬の基本が体操と武道の二科目とされるにいたった。「体錬科は之《これ》を分ちて体操及武道の科目とす、但《ただ》し女児に付ては武道を欠くことを得」ということになり、武道は国民学校の正規のカリキュラムに編入される。

ある意味では、嘉納らが説いた武道の「教育上の価値」が国家によってオーソライズされたわけであるが、ここでの武道教育は「おのれを完成し、世を補益《ほえき》する」といった嘉納の理想よりもずっと直接的な効果を目指すものであり、たとえば戦時期の文部省の武道教授要目などに見られるように、「攻撃精神、必勝の信念を振起《しんき》」するとともに「没我献身《ぼつがけんしん》の心境を会得《えとく》せしめ実戦的気魄《きはく》を練成」することが期待されたのである。

武道小説の人気——『宮本武蔵』と『姿三四郎』

この時期にはまた、吉川英治の『宮本武蔵』、富田常雄の『姿三四郎』などの武道小説が広く読まれ、武道のイデオロギーの大衆化に大きな役割を果たした。『宮本武蔵』は一九三五年（昭和一〇）八月から『朝日新聞』に連載されはじめ、一九三九年（昭和一四）七月に完結した。一九三七年後半に半年ほどの休載期間はあったが、約四年間にわたる長期連載であった。連載中から多くの読者を獲得し、単行本化もされていたが、とくに連載終了後の一九三九年一〇月からは廉価版の刊行がはじまり（全八巻、一九四〇年五月完結）、これが大ベストセラーとなった。

『姿三四郎』は、一九四二年（昭和一七）九月に書き下ろし単行本として出版された。明治二〇年前後の時代・世相を背景に、柔術との対抗関係のなかで新興の柔道を修行する青年たちの友情や師弟愛などを描いた一種の青春小説である。小説中の紘道館は講道館、矢野正五郎師範は嘉納治五郎、姿三四郎は西郷四郎、そして姿の先輩にして盟友の戸田雄次郎は作者の父、富田常次郎に対応する。この本は、国策の宣伝・世論指導などを担当する情報局の推薦図書となり、また翌年には黒澤明によって映画化され好評を博した。黒澤にとっては、監督デビュー作である。矢野正五郎を大河内伝次郎《おおこうちでんじろう》、姿三四郎を藤田進、警視庁武術大会で姿と対決する村井半助を志村喬《しむらたかし》、村井の娘を轟夕起子《とどろきゆきこ》、姿の宿敵檜垣《ひがき》源之助を月形龍之介《つきがたりゅうのすけ》が演じた。柔道場面の指導に当たったのは石黒敬七《いしぐろけいしち》である。

一九四四年七月には『続・姿三四郎』が出版された。これも広く読まれ、再び黒澤によって映画化された。現在の決定版『姿三四郎』は、これら両編を含み、さらに書き足された『柔』『明治武魂《ぶこん》』などをも統合している（以下の引用は、『姿三四郎』は新潮文庫版〔全三巻、一九七三年〕、また『宮本武蔵』は講談社文庫版〔全八巻、一九八九—九〇年〕による）。

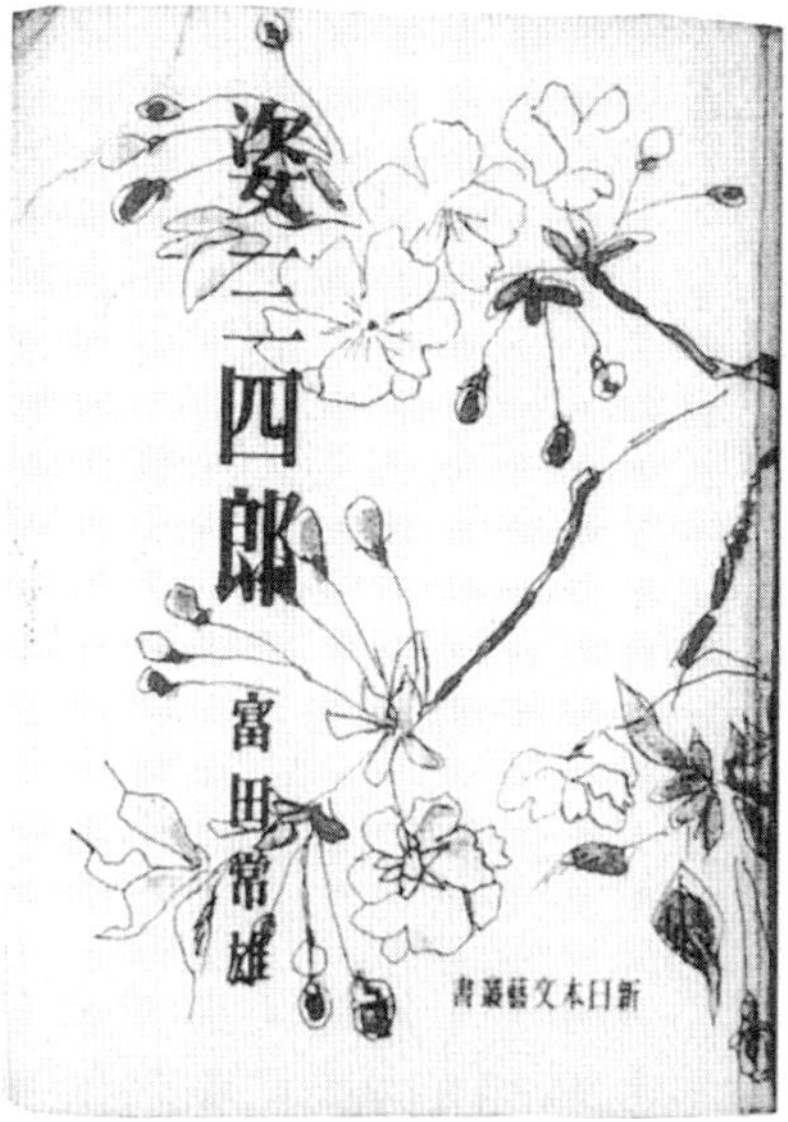

図29　小説『姿三四郎』
（1942年初版本）

図30　映画『姿三四郎』（写真協力（財）川喜多記念映画文化財団）

自己放棄と精神修養

武道のイデオロギーはさまざまの要素から成り立っているが、とりわけ相互に関連する二つの要素、つまり自己放棄の思想と独特の精神主義が重要である。たとえば、『宮本武蔵』から二つの決闘場面を引いてみよう。

巌《いわお》のような敵はもう眼の前になかった。同時に、武蔵という自己もなくなっていた。そうなる前に必然、勝とうという気持すらどこかへ消え失せてしまっている武蔵であった。

伝七郎と自分との約九尺ほどな距離の空間をチラチラと静かに舞っている雪の白さ――その雪の心が自分の心かのように軽く、その空間が、自分の身のようにひろく、そして天地が自分か、自分が天地か、武蔵はあって、武蔵の身はなかった。（「風の巻／雪響き」）

島の内は、一瞬の次の一瞬も、人なきように、ひそまり切っていた。

無心な松風や草のそよぎが、ただ遽《にわ》かに、人間の無常観をふくだけだった。

――武蔵は。

一朶《だ》の雲を、見ていた。ふと見たのである。われに返って。

今は雲と自身とのけじめを、はっきり意識にもどしていた。遂にもどらなかった者は、敵の巌流佐々木小次郎。(「円明の巻／魚歌水心」)


前者は吉岡伝七郎との対決、後者はクライマックスの佐々木小次郎との決闘の場面であるが、いずれも武蔵の「自己」が消失し、無念無想のうちに勝利にいたる状況が描かれている。もちろん、このような「無念無想」「無心」の境地に到達するのは簡単なことではない。単に技術を磨くだけでなく、心を磨く修行、精神の修養が大切である。剣の技術ではおそらくまさっていた小次郎に武蔵が勝つことができた理由もそこにある。


技《わざ》か。天佑《てんゆう》か。

否——とは直ぐいえるが、武蔵にも分らなかった。

漠《ばく》とした言葉のままいえば、力や天佑以上のものである。小次郎が信じていたものは、技や力の剣であり、武蔵の信じていたものは精神の剣であった。それだけの差でしかなかった。

「無心」への道

「自己」へのとらわれを捨てた「無心」や「不動心」のうちに「おのずから」相手を倒すのが武芸の極意であり、そのためには心の修練が重要というのは、いわば武芸言説の定番であり、繰り返し語られてきたことである。たとえば、近世の代表的な武芸伝書といわれる『兵法家伝書《へいほうかでんしょ》』では「ならひをわすれ、心をすてきつて、一向に我もしらずしてかなふ所が、道の至極」とされ、『五輪書《ごりんのしょ》』でも「おのづから打ち、おのづからあたる」のが理想とされている。しかし、これが一九三〇年代後半から四〇年代前半にかけての戦時期のイデオロギー状況のなかに置かれると、「無心」や「不動心」も、「自己」へのとらわれの放棄も、容易に国家への「没我献身」や「滅私奉公《めっしほうこう》」に結びつけられてしまう。

この点は『姿三四郎』も同様である。もちろんここでも「無心」が強調され、そこに武道の精神があるとされる。たとえば、村井半助との大事な試合を翌日に控えた三四郎に、矢野正五郎は鹿鳴館の夜会に行ってこいという。三四郎はそこに師の訓戒《くんかい》を読みとる。

肚《はら》の出来ていない自分が情けなかった。明日の試合を前に、なんの鹿鳴館と言いたい自分の顔色を見て、師範は先手を打ったのだ。囚《とら》われてはならぬ、明日の試合に囚

われては天衣無縫たるべき機に臨んでの業の構想は小さな作意にのみ終わる……（中略）

築いた修業の成果をそのまま、作意なく、今日を昨日と変りなく、そして明日へも、その心境を持ちつづけて行く事は無心にして自然の妙に入る事であろう。鹿鳴館に招《よ》ばれたら易々《いい》として行けばいいのである。その雰囲気《ふんいき》に、浸るべきは浸って来るのだ。風があれば風に吹かれ、雨に遭《あ》えば雨に濡《ぬ》れて明日を迎えるところに坦々として、千万の変化を蔵する武道の心境がある。（「流水の章」）

紘道館の命運を決める明日の試合を大事とし、鹿鳴館の夜会を些事《さじ》とする常識的な価値づけを離れ、何事にも囚われることなく、「風があれば風に吹かれ、雨に遭えば雨に濡れ」る心境で万事を（ということは、生死にかかわる事柄さえも）淡々と受けいれていくことを武道の教えは勧める。

死生一如

かつて、刃物をもった無頼漢たちと街で喧嘩をした三四郎に対して、矢野師範は「お前の実力は私の上かも知れぬ」が「お前の柔道と私の柔道とは天地の距《へだた》りがある」と諭《さと》したことがある。師範によれば「火の中にあっても、水の中にあ

って も淡々として死ねる」のが柔道なのだ。「即《すなわ》ち、天地自然の真理のままに生き死にする悟りだ。この真理によって死の安心を得、生の生たるを知ることが柔道だ、姿、お前の柔道は柔道ではなかった」(「巻雲の章」)。

このことを伏線として、のちに三四郎は次のように考えることになる。

師に選ばれ、三人の盟友に信頼されて良移心当流と試合することは、すでに、彼に課せられた運命であった。その上に、世間がそれを強《し》いている。村井半助と戦っても、後には檜垣源之助がある。この男と自分の決闘はもはや、免がれ難い約束事になっているのではあるまいか。それを三四郎は感じるのである。こうした推移に向かって、小さな細工や逃避は無駄《むだ》だ。素裸になって、大の字なりに寝る心境で、すべて来るものを迎えようとする心構えだけが必要だった。死ねばいいのである。易々《いい》として試合場裡《り》に死ねれば彼は師に酬《むく》い盟友に報じ、紘道館の旗の下に捨石となる事が出来る。

(「四天王の章」)

ここに含まれているイデオロギー的な意味は、たとえば良移心当流を敵国に、紘道館を祖国日本に置き換えてみたりするまでもなく明らかであろう。

若者へのアピール

『宮本武蔵』や『姿三四郎』によって大衆化された武道のイデオロギーは、当時の社会状勢を「淡々と」受け入れ肯定する方向に人びとを導くものとして、あるいは「物質力では及ばなくても精神力で勝つ」といったスローガンを正当化するものとして、無視しえない役割を果たしたが、とりわけ戦場に赴く若者たちに広く支持され、彼らを励ますイデオロギーとして、あるいは彼らが自分自身を納得させるのに役立つイデオロギーとして、大きな力を発揮した。

たとえば、戦没学生の遺文を集めた『新版きけわだつみのこえ』（日本戦没学生記念会編、岩波文庫、一九九五年）に収録されている大島欣二の手紙によると、「元気な同室の青年士官の中では吉川英治の『宮本武蔵』が一番幅をきかせています。誰かがケチをつけておこられたと聞きました」とある。大島は軍艦「山城」に軍医として乗り組んでいた。この手紙は一九四二年九月六日付けのものである。「山城」の青年士官たちの間で「幅をきかせて」いた『宮本武蔵』は、おそらく二年ほど前に出版された廉価版の八巻本であったろう。

『宮本武蔵』も『姿三四郎』も、若者の精神的成長の過程を描くビルドゥングスロマン（教養小説）としての性格をもっている。たとえば武蔵にしても、みずからいうように

「偉い男でも天才でもなんでもない」し、ひたすら剣の道に精進してきたともいいきれない。恋人のお通と「なにもかも捨ててともに暮らして終わりたいとどれほど思い悩んだかしれない」。「つまり恋慕と精進の道のふた筋に足かけて、迷いに迷い、悩みに悩みながら、今日までどうやら剣の方へ身を引き摺ってきた」のである（「風の巻／木魂」）。しかし、自分の「凡質を知っている」からこそ、誠実に努力を重ねて技術と心を磨いてきた武蔵は、その鍛錬を通して「死生一如《いちにょ》」の境地にいたり、天才的な剣士、佐々木小次郎にも勝つことができた。それはつまり「技や力」に対する「精神」の勝利であった。

このような物語が、戦場への動員に直面していた当時の若者たちに広く受けいれられたのは不思議ではない。

武道イメージの再構成

野球統制令

武道の「イデオロギー化」が進展するにつれて、スポーツの旗色《はたいろ》は悪くなる。といっても、それはイデオロギー上の「旗色」であって、スポーツの人気そのものはむしろますます高まっていた。春と夏の中等学校野球大会（甲子園大会）も盛り上がっていたし、一九三一年（昭和六）と三四年にはアメリカの大リーグ選抜チームが来日して圧倒的な強さを示した。また一九三二年のロサンゼルス・オリンピック、三六年のベルリン・オリンピックには、日本は大選手団を送りこみ、その活躍によってスポーツ熱はますます高まった。新聞や映画、そして一九二五年から登場するラジオなどのメディアもスポーツ人気を増幅した（たとえば「前畑がんばれ」を含むベルリン・オリンピックの実況中継放送など）。

むしろ、そういうスポーツ熱の高まりがあったからこそ、そのエネルギーを武道のイデオロギーによって一定の方向に誘導する必要があった、と見るべきかもしれない。

たとえば、一九三二年に文部省が出したいわゆる「野球統制令」などには、そのような意図がうかがわれる。これは、生徒・学生の野球に関して、学業に支障をきたすような熱中、チーム強化のための選手の優遇や引抜き、試合の興行化などを規制した文部省訓令であるが、有山輝雄や菊幸一が指摘しているように、当時の野球熱の高まりに対応して出されたものであり、また単なるアマチュアリズムというよりはむしろ「武士道的野球」のイデオロギーに支えられたものであった（有山輝雄、前掲『甲子園野球と日本人』。菊幸一、前掲『「近代プロ・スポーツ」の歴史社会学』）。

一九三四年にベーブ・ルースやルー・ゲーリッグを含むアメリカ大リーグ選抜チームが読売新聞社の招きで来日したとき、京都商業（現京都学園高）のエースで甲子園でも活躍した沢村栄治が第一〇戦（一一月二〇日）に登板し、ゲーリッグのホームランで惜敗したとはいえ、被安打五、奪三振九の好投を見せたことは今なお語り草となっているが、沢村は当時まだ京都商業に在学中であり、そのままでは全日本チームの一員として試合に出ることはできなかった。野球統制令のなかに、「学校選手は職業選手と試合を行なうことができない」「学生、生徒は文部省が認めた場合のほか、入場料を徴収する試合には参加できない」といった規定があったからである。京都商業は再三、文部省と交渉したが、ついに諒解《りようかい》をとることができず、沢村は結局、京商を退学して出場した。この年の暮れには、日本最初の職業野球チームとして大日本東京野球倶楽部（現在の読売ジャイアンツの母体）が発足し、沢村はこれに入団する。

日本におけるプロ野球の成立には、もちろんいろいろな要因がからんでいるのだが、「野球統制令」も商業化や興行化を厳しく排除することによって、かえって皮肉にもプロ野球の誕生を促進する要因となった。

「精神の野球」イデオロギー

野球統制令の背後には、かつての「一高式野球」以来の武士道的野球のイデオロギーがあったが、その代表的なイデオローグといえば、やはり飛田穂洲《すいしゆう》（一八八六―一九六五）であろう。穂洲は本名、忠順。早大在学中は野球選手として活躍し、卒業後、一九二〇年から二六年まで早大野球部監督、その後『朝日新聞』の嘱託記者として、学生野球の戦評・評論に健筆を揮《ふる》った。文部省の諮問機関、野球統制委員会の委員でもあった。プロ野球を「見世物野球」と批判し、生涯一度も見なかったといわれる。

飛田は遊びや楽しみとしての野球を認めず、「修養の野球」「精神の野球」「魂の野球」を主張した。小次郎の「技と力の剣」に対する武蔵の「精神の剣」ではないが、飛田によれば真の野球は「技の巧拙のみによってその価値が定められるもの」であってはならない。「野球に対する精神」こそが重要である。技の巧拙のみを競うのは「邪道野球」であって、難行苦行によって「昔の剣客者などが奥義を極める」ように真剣な猛練習を重ねて「心の修業」を積むのが「真実野球」である。もちろん、野球の修行者は厳しい規律に従い、野球部のため、チームのために「粉骨砕身」しなければならない（『中等野球読本』スポーツ良書刊行会、昭和一〇年〔一九三五〕）。

こうしたイデオロギーに支えられながら、甲子園大会はますます発展し、同時にますますイデオロギー化していく。

一九三七年の大会では、開会式前日、出場校野球部一同の名で「時局ノ重大性ニ鑑ミ特ニ武士道精神ニ則リ中等学校野球ノ精華ヲ発揮シテ国民体育ノ向上ニ資シ国家有事ノ際ノ遺憾ナキ奉公ヲ期ス」という宣言を発表した。一九三八年になると、大会開会式で、全選手が「われらは武士道の精神に則り正々堂々と試合せんことを期す」と唱和し、ついで全選手と観客が「愛国行進曲」を合唱する儀式が行なわれるようになった。さらに毎日第一試合の始まる前に選手・役員・審判も大観衆も一斉にたって宮城を遥拝《ようはい》、皇軍兵士の武運長久とその英霊のために黙禱をささげ愛国行進曲を斉唱することとし、試合開始のサイレンにかわって進軍ラッパを吹くことになった。（有山輝雄、前掲書）

スポーツの「日本化」

飛田の主張は、ひとことでいえば、野球というスポーツをいわば「武道化」するということにほかならない。そしてもちろん、「武道化」の対象は野球だけではない。飛田は野球に特化して論じることが多かったが、野球を含むスポーツ一般を武道化すべしという論者も多く、それが当時の体育・スポーツ言説の主流であったといってよい。

スポーツと武術・武道とを対比して両者の優劣や利害得失を論じるというパターンは、すでに明治中期から見られる。たとえば『運動界』第四巻第三号（明治三三年〔一九〇〇〕四月）は、「日本には、目下二様の体育の方法がある」としたうえで、撃剣、柔術、弓術などを主とする「日本固有の武技」と、短艇競漕（ボート）、ベースボール、フットトボール、テニスなどを主とする「西洋伝来の運動」と、どちらが「身体および精神の養成に効あるか」というテーマをめぐって、それぞれに味方する意見をいくつか紹介している。

しかし一九三〇年代以降は、もはや優劣や利害得失についての議論ではなく、武士道精神・日本精神を体現する武道によって、自由主義・個人主義に基礎をおく「外来スポーツ」を日本化すべきであるという論調が主流を占めるようになり、大谷武一《ぶいち》、前川峯雄、平沼良、岡部平太、野口源三郎、羽田隆夫ら当時の体育界の論客たちによって「スポーツ道」「日本スポーツ道」「日本主義体育」「日本主義スポーツ」「日本体育道」などなどの主張がなされた（これらの言説の詳細については、入江克己『日本ファシズム下の体育思想』不昧堂出版、一九八六年）。

「和魂」の注入

たとえば大谷武一（一八八七―一九六六）は、現在のスポーツの大部分は「米英から輸入されたもの」であり、「自由主義、個人主義に依拠をおいた享楽思想が深く浸透」しているので、それを「スポーツから駆逐《くちく》する」必要があり、そのためには「従来我が国で心身鍛練を目的として行われていたもの、例えば武道を行ずる態度」をもってスポーツをしなければならないという。野口源三郎（一八八八―一九六七）も「外来スポーツの長所を伸ばし、短所を是正して日本的スポーツに同化すること」

を主張し、「外国のスポーツ理念」はともかくとして「日本人の行うスポーツは国防の前線と銃後に役立つ強靭なる体力と、愛国の至誠に燃ゆる日本人として性格形成に寄与するところのもの」でなければならないとする。

ほぼ同様の立場から、前川峯雄（一九〇六―八一）もまた次のように述べる。

要するに……日本の体操や競技に、日本人がつくり出し、又日本人を最もよく育てきたところの武士道的な精神によって筋金を入れよということに帰するであろうと思う。西洋スポーツに対して真に日本的性格を与えるには、それ以外に方法がないと考える。もし日本のスポーツが、武士道的な筋金を入れることに成功するならば、それはもはや西洋スポーツではなくして、すでに日本独自のスポーツであると考える。従って今後日本スポーツの行方は、益々《ますます》武の道に近づくことでなければならないと思う。武の心をもって鍛錬されたとき、真に日本が世界に誇ることのできるものをつくり出したといえよう。（前川峯雄『新日本体育』教育科学社、一九四二年）

一九三〇年代から四〇年代初頭にかけて展開されたこれらの言説の基本になっているの

は、「和魂洋才《わこんようさい》」のレトリックである。あるいはむしろ、和魂洋才の軍国主義バージョンというべきであろうか。ここでは武道が、外来の洋風スポーツに伝来の日本精神（和魂）を注入する役割を担《にな》わされている。もともと武道は、伝来の武術の近代化という一種の和魂洋才によって形成されたハイブリッド文化であったはずなのに、その「洋才」的側面は忘却されてしまう。伝統との連続性と非連続性とをともに主張するという、嘉納治五郎の議論に見られたような両面性も影を潜め、伝統とのつながりだけが強調される。このようにして武道は、伝統的な日本精神を具現する固有の民族文化、それによって洋風文化を「矯正《きょうせい》」すべき規準とされ、ファシズムや軍国主義のイデオロギーに連接されていく。

これは、いわば伝統の「再発明」であった。そして、このころに形成されたイメージが今日の私たちの武道観に強い影響を残している。

この「再発明」に嘉納治五郎はどの程度関与していただろうか。これは、なかなかむずかしい問題である。

嘉納の「国民体育」論

嘉納は大正のはじめごろ、つまり一九一〇年代の前半から、「国民体育」という考えを提唱していた。簡単にいえば、日本人の体位向上と精神修養のために国民的規模で体育を盛んにする必要があるという主張である。そのためには、「男女年齢の区別なくだれでも出来る」もの、そして「費用のかからない、設備がいらない」ものを中心にしなければならない。この点で、テニス、ベースボール、ボートレースなどは、有志の運動としてはよいけれども、国民体育としては不適当である。むしろ「歩く事、駆ける事、飛ぶ事、投げること」などを中心とするのがよい。また、日本は海国であるから「泳ぐ事」も国民体育の一環として奨励すべきである。さらに「我が国に古来から行われているところの武術というもの、すなわち柔道、剣道というようなものもまた国民体育として必要なる一の要素であろうと思う」（講演記録「国民の体育について」『愛知教育雑誌』第三五六号、大正六年（一九一七）六月）。

一九三〇年代に入ると、嘉納は柔道の根本原理である「精力最善活用」の原理（一〇八〜一一一ページ参照）を国民体育に結びつけて「精力善用国民体育」と称し、その具体案を示すとともに、国民体育による精神修養ということを強調するようになる（『精力善用国民体育』講道館文化会、昭和五年（一九三〇））。そして、精神修養の内容は国や時代によって異なり、「その国の現状に照らして最も必要なる結果を齎《もたら》す精神修養」が「一番大切」であるとし、わが国の場合それは「国民の結束の基礎である皇室尊崇《そんすう》国体擁護《ようご》ということである」と説く。さらに嘉納は、精力最善活用の立場から、「個人としても国家としても、

時事新報　昭和八年四月六日

講道館の内争爆發
分裂の危機到る
嘉納館長令息の赤化事件から
高段者が新協會設立

剣道弓道を包含
大乘的の新協會
準備委員長に農相を推す

消防中に貰ひ火
出火の責任はない
嘉納館長語る

図31　講道館分裂の危機を伝える新聞記事（『時事新報』1933年4月6日）

その力を合理的に充実しようと思えば精力を善用するよりほかに途《みち》はないのである。また国家がその力を善用しようと思っても、これを統一する中心がなければならぬ。我が国には幸い皇室という国民が信頼している中心があるのであるから、どこまでも皇室を国民結合の中心として仰いでいくことが精力善用の根本義である」という（「国民体育と国民精神」『作興』第一〇巻第三号、昭和六年（一九三一）三月）。

批判と弁明

「皇室尊崇」「国体擁護」など、当時の支配的なスローガンへの接近が見られるともいえるが、にもかかわらず、一部には嘉納の議論に対する不満の声もあった。それは、たとえば国民体育の考え方においていわゆる「武の道」が十分に重視されていない、あるいは皇室尊崇はよいが、その必要があまりに合理的に説明され、理屈抜きの「忠君愛国」の熱誠に欠けるのではないか、といった不満である。もう少し一般的には、嘉納と講道館は「国家的非常時」への対応が生ぬるい、「武道報国」の精神に欠ける、というのである。そして、こうした批判は講道館の内部からさえきかれた。

たとえば、一九三三年（昭和八）四月六日の『時事新報』は、この種の不満が講道館の高段者の一部にもあることを、「講道館の内争爆発／分裂の危機到る」というセンセーショナルな見出しで報じた。この記事によると、「講道館が非常時日本の今日、何等《なんら》積極的に武道報国の精神による国民運動を起さず、単なる町道場の範囲に止っている」ことを遺憾とした一部の青年高段者たちは「武道精神作興」のために柔・剣・弓道を糾合する「全日本武道協会」を設立する計画を進めており、軍部もこの運動を支援しているという。また、この事態には「嘉納館長の令息が静岡高校在学中たまたま赤化事件の関係者として学校当局より諭旨退学」となった事件も関係しており、このことで館長に引責隠退または謹慎を求めたが拒否されたという事情もある、としている。

実際には講道館が分裂することはなく、新協会も設立されなかったが、嘉納への不満や批判の声が、たとえ一部ではあれ講道館の内部にもあったことは事実であろう。

晩年の嘉納の文章には、こうした講道館内外からの不満や批判に対する反論あるいは弁明と思われる議論がしばしば登場する。「武の道」の問題に関しては、自分はもともとから、「文武の道」さらには「文武を包含した大きな人間の道」としての柔道を説いてきたのだ「武の道」だけを重視するという狭い立場には与《くみ》しない、というのが嘉納の反論である。皇室尊崇に関しては、嘉納は以前から、「単に断定的にかくあらねばならぬ」といっただけでは説得力がないので、皇室尊崇の必要性を理論的に、論拠を示して説明するべきであると主張していた（「精力最善活用と修養」第二回、『作興』第四巻第九号、大正一四年〔一九二五〕九月）。晩年の文章では、たとえば「我らの説く道は、中正道」であって、「右にも偏せず、左にも傾かず」、またややもすれば「人々感情によって事を決せんとするを遺憾とし、我らは冷静の態度を持して事を処断せんとするのである」と主張している（「今日は我が同志が蹶起すべき時である」『柔道』第六巻第五号、昭和一〇年〔一九三五〕五月）。

武道イメージの変容

さらに、最晩年の文章では次のようにも述べている。

柔道はもちろん一面日本精神の発揚に努めているのであるが、それをただ国体とか皇室という言葉のみにて説く時は、皇運を扶翼《ふよく》するに必要なる国家発展の大原則を閑却《かんきゃく》することになり、内容の充実を欠く嫌いがあるので、私はだれでもいうことはくどくどしくいわず、必要であるにかかわらず、多くの人が閑却している方面のことを強く説いたため、ある者は誤解して国体や皇室について一層強く説いてもらいたいというような希望を耳にしたことがある。しかし自分としては昔の武術と違い、今日の柔道は文武の道であるから、両方面を説かなければならぬと思うのである。
（「報国更生団の結成につき講道館員に告ぐ」『柔道』第九巻第三号、昭和一三年〔一九三八〕三月）

死去の二ヵ月ほど前に発表された文章であるが、これを見るかぎり、嘉納流の合理主義も、武道の両面性を主張するという基本的立場も、ほぼ一貫しており、それほど変わってはいないように思われる。

なお、嘉納の死去に際して書かれた講道館指南役、三船久蔵の文章も、この点に関連して興味深いものである。この追悼文は、皇室への尊崇の念が薄いという嘉納批判への反論に終始しており、それ以外のことはほとんど書かれていない。三船は、そういう批判は

「先生をよく識《し》らぬ全然でたらめな事である」とし、たとえば氷川丸《ひかわまる》船中で肺炎のために死去する数日前の天長節（四月二九日、天皇誕生日）の朝、すでに高熱を発していたにもかかわらず、わざわざ服装を改めて皇居を遥拝《ようはい》したというエピソードなどを紹介しながら、ひたすら反論を試みている（三船久蔵「偉大なる実践家」、丸山三造編著『大日本柔道史』講道館、昭和一四年〔一九三九〕）。

前記の「再発明」の問題に戻るなら、一九三〇年代における武道の「躍進」とそれにともなう「国家主義」化は、嘉納治五郎もその過程で一定の役割を果たしたことは否定できないとしても、少なくとも彼が中心的な役割を果たした最初の発明とはかなり違った方向への転回であったといってよいであろう。

武道の「スポーツ」化――エピローグ

大逆転

武道とスポーツの位置関係は、しかし、一九四五年（昭和二〇）八月の敗戦と占領によって完全に逆転する。連合国最高司令官総司令部（GHQ）による「民主化」政策のもとで武道は禁圧され、一方スポーツは平和な民主社会にふさわしい身体文化として奨励された。

武道の統括団体として一九四二年から政府の統制下におかれていた大日本武徳会は、純民間団体への改組、戦時下の重点振興種目とされていた銃剣道・射撃道の廃止、道場の神棚の撤去（国家神道の否定）などによって生き残りを図ろうとしたが、うまくいかず、結局解散に追いこまれる（一九四六年一〇月）。しかし、この自主解散では資産の地方組織への分散の可能性などが残され、なお不十分と見たＧＨＱの意向を受けて、翌月には内務省令によって改めて解散が命じられ、さらに一九四七年には一三〇〇人を超える武徳会関係者が公職追放になった。

また、学校武道の禁止も大きな打撃であった。ＧＨＱの意向に基づく文部省通達（一九四五年一一月および一二月）によって、学校における武道は全面的に禁止された。体錬科武道（剣道、柔道、薙刀《なぎなた》、弓道）の授業は廃止され、正課外においても武道の部活動などは禁止、さらに一般人も含めて学校または付属施設において武道を実施することはできなくなった。また一九四六年（昭和二一）八月に出された社会体育に関する通達では、学校だけでなく一般の社会体育においても、剣道・柔道・弓道などの総称として武道という言葉を使うことが禁止された。

学校武道の禁止は、武道教員の生活問題でもあった。一九四六年（昭和二一）には武道関係の教員免許状が無効になり、武道の免許しかもっていない教員は転退職を余儀なくされることになったので、文部省は、これらの転退職者に対して「能《あた》う限り物心両面の優遇方法を講ず」ることを学校長らに依頼する通達を出したり、他の体操科目を担当できるようにするために体操教員養成講習会を開催したりした。

武道が、このような情勢のなかで生き残りを図るには、その組織、ルール、イデオロギーなどにおいて「民主化」（つまりスポーツ化）を進めていく以外に道はなかった。こうして、かつての「スポーツの武道化」とは逆に「武道のスポーツ化」が課題となったのである。

苦肉の策

この課題への対応は、各種の武道それぞれの事情によってさまざまであったが、たとえば剣道の場合は、いわば苦肉の策として「撓《しない》競技」という新形式が考案された。これは、(1)従来の四つ割りの竹刀にかえて、全長の三分の二以上を順次四・八・一六以上に割って布をかぶせた柔らかい袋竹刀を用いること、(2)防具はフェンシング用のものに近い軽快で安価なものとすること、(3)服装は丈夫な布製のシャツ・ズボンとすること、(4)試合場を縦七㍍、横六㍍の境界線によって区切ること、(5)試合時間を明確にし、その時間内での得点制によって勝敗を決定すること、(6)審判を三人制とし、三人に平等な裁決権を与えること、などを定めて剣道の「スポーツ化」を図った競技である。この策が効を奏して、一九五〇年（昭和二五）には全日本撓競技連盟の結成が認められ（笹森順造会長）、翌五一年には全国大会が開催された。また五二年四月には、中学校以上の学校において撓競技を体育の教材として取り入れてもよいという文部省通達が出された。

一方、この通達後間もなく、サンフランシスコ講和条約が発効しＧＨＱが廃止されると、「本来の剣道」の復活への気運が高まり、同年秋、木村篤太郎《とくたろう》を会長に全日本剣道連盟が結成された。しかし「本来の剣道」といっても、時代の流れに応じた「スポーツ化」は不可避であり、今後はスポーツとしての発展を図るということが確認され、そのためのルールや審判規程の整備に際しては、撓競技の合理性やスポーツ性が取り入れられた。そうした努力の結果、一九五三年（昭和二八）五月には社会体育としての剣道の実施が認められ、七月には撓競技と同様に学校における実施も可能になった。この年一一月、全日本剣道連盟主催、読売新聞社後援により第一回全日本剣道選手権大会が開かれた。会場は東京蔵前国技館、一万八〇〇〇人の観衆を集めたという。

全日本撓競技連盟と全日本剣道連盟とは、結局、一九五四年に一本化し、両連盟合同の全日本剣道連盟が誕生した。会長には木村篤太郎が就任し、撓競技連盟会長の笹森順造は最高顧問となった。翌五五年には日本体育協会に加盟、その年の秋の第一〇回国民体育大会から剣道は正式種目として参加できることになった。

ここまで、一〇年の道のりであった。

柔道の復活

柔道の場合は、剣道にくらべてやや有利な状況にあった。まず、武徳会は解散させられたが講道館は残り、しかもその活動に大きな制約は課されなかった。老松信一によれば、戦後間もない時期にも、講道館の稽古は続けられており、恒例の暑中稽古、寒稽古、春秋二回の紅白試合なども、ほとんど中断することなく行なわれていた（老松『柔道百年』時事通信社、一九七六年）。ただし、新規の入門者数は最盛期（一九三九～四二年ころ）の二〇～二五％程度にまで落ち込み、かつての水準にまで回復するには、一九五二年ごろまで待たねばならなかった。

また、戦前から「国際化」の実績があり、GHQ関係者や進駐軍人のなかにも柔道の理解者、あるいはこの機会に柔道を学びたいという者などがあったことも、柔道にとって有利な条件であった。講道館の入門者統計によって当時の外国人入門者数を見ると、一九四五年は四人、四六年は六一人、四七年は三〇一人、四八年は二四二人、四九年は三七二人と急激に増加していることがわかる。また、接収された大蔵省のなかにアメリカ軍のための道場が設けられ、一九二九年（昭和四）の天覧試合で栗原民雄と優勝を争った牛島辰熊が指導に当たるというようなこともあった。

こうした事情に助けられて、一九四八年（昭和二八）には、四一年を最後に中止されていた全日本柔道選手権大会が再開された。また翌四九年には講道館有段者会を「発展的に解消」して全日本柔道連盟が結成され、講道館長、嘉納履正《りせい》が会長に就任した。

嘉納履正（一九〇〇—八六）は治五郎の次男、戦後間もない一九四六年に、南郷次郎（治五郎の甥《おい》、海軍軍人、治五郎の死後第二代講道館長を務めた）から館長職を引き継ぎ、柔道の復興、発展に力を尽くした。国民体育大会への参加も柔道は剣道より五年ほど早く、一九四九年の第四回大会ではオープン競技として、翌五〇年からは正式種目として参加が認められた。

同じ一九五〇年（昭和二五）、牛島辰熊は柔道の興行化（プロ柔道）を企画し、飯塚国三郎を名誉会長として国際柔道協会という組織をつくった。牛島も飯塚もプロ柔道に関連して、かつて撃剣会《げきけんかい》をはじめた榊原鍵吉《さかきばらけんきち》の名を口にしたという。たしかに当時の状況は、維新後の武術の状況に似ていたかもしれない。このプロ柔道協会は、牛島の弟子で全日本選士権大会三連覇（一九三七〜三九年）、皇紀二千六百年奉祝天覧武道大会優勝（四〇年）の実績をもつ木村政彦らを中心に二一名の選手を集め、後楽園特設道場で旗揚げ興行を行ない、その後地方巡業に出たが、結局うまくいかず、短命に終った。木村はプロレスに転じ、五一年に国際プロレス協会を設立、五四年一二月には日本プロレス協会の力道山とプロレス日本選手権を争い、死闘を演じた。一五分四九秒、力道山の空手チョップで木村が失神し敗けとなったが、この試合についてはは双方それぞれに言い分があり、真相ははっきりしない。

学校柔道の解禁

学校柔道の禁止に関しても、柔道関係者はGHQおよび文部省に積極的に働きかけ、剣道よりも三年ほど早く、その解禁に成功した。

この働きかけに際して用いられたレトリックは、そもそも嘉納治五郎が柔術から柔道への転換を実現したとき「すでにその本質は体育的、スポーツ的に規定され」ていたのであって、「いわゆる軍国主義的色彩は、戦時中強制的に付着されたもの」にすぎないというものであった。そしてさらに、「連合軍が進駐以来柔道に深き理解を示し、各地において柔道が盛んになりつつある」現在、「柔道を通じて遠来の朋友である連合軍と親善を図ることは、柔道愛好者の再建日本に対する義務」であり、その親善の実を挙げるために学校柔道も解禁されるべきであるというアピールがたびたび行なわれた。

こうしたアピールを受けて、当時の文部大臣、天野貞祐《あまのていゆう》も、ダグラス・マッカーサー総司令官宛てに次のような要望書を送った（一九五〇年五月一三日付け）。

終戦直後、文部省が戦時色を払拭《ふっしょく》するために、学校における体育の教材から除外し、これまでその実施を中止してまいりました柔道は、その後文部省において、各種の資料にもとづき研究の結果、現在の柔道は、完全に民主的スポーツとしての性格、内容をそなえ、その組織も民主的に運営され健全に発達しつつあって、もはや過去のような軍国主義との関連性において取り扱われるような懸念がなくなりましたので、学校スポーツの一教材として実施することはさしつかえないとの結論に達しました。進駐軍関係者において柔道を愛好される方々が増加しつつある今日、貴当局においてもこのことの事実であることは、すでにおみとめくださっていることと存じます。

（以下略）

この年九月、GHQの許可が下り、学校柔道は復活した。

新たな発展 新たな課題

その後、占領の終結、GHQの廃止（一九五二年）といった流れのなかで剣道や弓道の復活も進む。そしてさらに、財団法人日本武道館の発足（一九六二年）、柔道のオリンピック種目採用（一九六四年）など、武道は「民主化」「スポーツ化」による生き残りの段階を脱して、国内的にも国際的にも新たな発展の段階に入っていくのである。

しかし、この新たな発展がまた新たな問題を生み出していくことについても、最後にひとことふれておく必要があろう。たとえば、「国際化」が最も早く進んだ柔道の場合、グローバルな発展につれて「本家」としての日本のリーダーシップが相対的に低下していくなかで一種の「文化摩擦」が生じ、これまでのルールや規範を維持していくことが困難になってくる。古くは体重別制の採用（一九六一年）にはじまって、「有効」「効果」などを含むポイント制の開始（一九七三年）、そして近年ではカラー柔道衣の使用（一九九七年）、「抑え込み」の基準時間の短縮（たとえば三〇秒で「一本」であったのを二五秒に短縮、「技あり」は二五秒から二〇秒に短縮。一九九七年）、ゴールデンスコア方式延長戦の導入（同ポイントの場合、最長五分間の延長戦に入り、先にポイントを挙げたほうが勝つ。二〇〇三年）などはその好例であろう。これらの変更は、全体として「競技スポーツ」化の方向への動きであり、全日本柔道連盟はいずれにも反対したが、国際レベルではすべて認められ「世界標準」となった。

こうした事態は、柔道において最も尖鋭な形であらわれているとはいえ、決して柔道だけの問題ではない。たとえば剣道のオリンピック種目採用に関して、全日本剣道連盟をはじめ剣道界の多くの人びとがむしろ消極的な態度をとっているのも、このことに関連している。たしかに、「有効打突（一本）」の判定において「充実した気勢」「適法な姿勢」「正しい刃筋」「残心」（技をきめたあとも油断なく心を残してその効果を見きわめること）などの、簡単には「客観化」しがたい質的要素を重視する剣道は、いわゆる近代スポーツ型の基準にはなじみにくいところがあり、それだけに、グローバル化のためにポイント制などを受けいれて競技スポーツ化の方向に進むとしたら、その代償は大きいであろう。

すでに見てきたように、もともと「和魂洋才」型の文化として形成された武道は、一九三〇年代に「洋才」の側面を排除または隠蔽して「和魂」（伝統性）の側に大きく傾いた。しかし第二次大戦後の占領下では逆に「洋才」に傾き、民主化・スポーツ化を進めることで生き残りを図った。ある意味では、その延長線上に現在の競技スポーツ化があるともいえる。とすれば、初心にかえって「和魂」と「洋才」（あるいはローカルとグローバル）のバランスを現代にふさわしい形で回復していくことのなかにこそ、これからの武道の課題があるのかもしれない。

あとがき

武道は古来の伝統文化ではなく、明治中期以降に武術や武芸が「近代化」される過程で形成された近代文化である——このことを、その後の武道の発展や展開も含めて、できるだけ具体的に、その過程にかかわった人びとや、輸入文化である近代スポーツとの関係などにもふれながら述べてみたいと考えた。私の専門は歴史ではなくて社会学なのだが、友人の歴史学者にいわせると、社会学者による歴史の記述は、どうも「近代化」とか「階級構造」とかいった概念上の図式に頼りすぎて失敗することが多いとのことである。なるべくそういわれないように気をつけたつもりだが、うまくいったかどうか、自信はない。

嘉納治五郎と講道館柔道を中心にしたのは、武術・武芸から武道への転換において、柔道が先導的な役割を果たしたからであるが、もう一つには、学生時代に柔道に親しんだ経験があり、入り口として入りやすかったという個人的事情もある。その分、剣道や弓道からの視点が弱くなったかもしれない。

小学生のときはまだGHQによって武道が禁止されていた時代だったので、私が柔道をはじめたのは中学に入ってからである。高校に進んでからは、柔道部に入って本格的に練習をはじめた。高校は宮城県の仙台二高だが、旧制仙台二中時代の大先輩に講道館指南役、三船久蔵十段（一八八三—一九六五）がおられ、大学に入ってから講道館にお訪ねしてお話を伺ったこともある。高校は違うが（東北高校）、のちに全日本柔道選手権大会を三回にわたって制し、東京オリンピックで体重無差別級の優勝をアントン・ヘーシンクと争うことになる神永昭夫さん（九段、一九三六—九三）は二年先輩。何度か稽古してもらったこともあるが、もちろんまったく歯が立たなかった。しかし、技術的レベルはともかく、高校・大学を通じて、柔道のおかげで多くのよき師、先輩、友人に恵まれたことは忘れがたい思い出である。

明治・大正・昭和戦前期の文献の引用などについては、嘉納治五郎の著作も含めて、原則として旧字・旧仮名を新字・新仮名に改めた。片仮名書きの文章も、嘉納治五郎が西郷四郎に追贈した昇段証書など、一、二の例外を除いて平仮名に直した。嘉納の著作の大半は、講道館監修『嘉納治五郎大系』（全一四巻・別巻一）に収録されている。引用・参照に際しては、できるかぎり初出の雑誌などに当たってみるよう努めたが、なかにはどうしても確認できないものもあった。

本書の一部は、すでに論文などの形で発表したものをもとにしている。しかし、今回このような形で一書にまとめるに当り、既発表の部分も大幅に書き改めた。

なお、本書の編集・制作に関しては、吉川弘文館編集部の伊藤俊之さん、一寸木紀夫さん、そして永滝稔さんに、また講道館関係資料の掲載などに関しては、講道館図書資料部長の村田直樹さんにお世話になった。厚くお礼を申し上げたい。

二〇〇四年五月

井上　俊

主要参考文献・資料

有山輝雄『甲子園野球と日本人――メディアのつくったイベント』（歴史文化ライブラリー一四）、吉川弘文館、一九九七年

飯塚一陽『柔道を創った男たち――嘉納治五郎と講道館の青春』文芸春秋、一九九〇年

石垣安造『撃剣会始末』島津書房、二〇〇〇年

石黒敬七『柔道千畳敷』日本出版協同、一九五二年

井上　俊「〈武道〉の発明――講道館柔道と嘉納治五郎を中心に」『ソシオロジ』三三―二、一九九二年

井上　俊『スポーツと芸術の社会学』世界思想社、二〇〇〇年

入江克己『日本ファシズム下の体育思想』不昧堂出版、一九八六年

入江克己『昭和スポーツ史論――明治神宮競技大会と国民精神総動員運動』不昧堂出版、一九九一年

老松信一『柔道百年』時事通信社、一九六六年

小佐野淳『図説柔術』新紀元社、二〇〇一年

嘉納行光他監修『柔道大事典』アテネ書房、一九九九年

神山典士『ライオンの夢――コンデ・コマ＝前田光世伝』小学館、一九九七年

菊　幸一『「近代プロ・スポーツ」の歴史社会学――日本プロ野球の成立を中心に』不昧堂出版、一九九三年

木村政彦『わが柔道』ベースボール・マガジン社、一九八五年
宮内省監修・大日本雄弁会講談社編『昭和天覧試合』大日本雄弁会講談社、一九三四年
熊本大学小泉八雲研究会編『ラフカディオ・ハーン再考――百年後の熊本から』恒文社、一九九三年
講道館監修『嘉納治五郎大系』全一四巻・別巻一、本の友社、一九八八年
講道館書誌編纂会『国士』（造士会）『柔道』（柔道会）『有効乃活動』（柔道会）『大勢』（講道館文化会）『柔道』（講道館文化会）、復刻版、本の友社、一九八四―八六年
小谷澄之『柔道一路――海外普及につくした五十年』ベースボール・マガジン社、一九八四年
坂上康博『権力装置としてのスポーツ――帝国日本の国家戦略』（講談社選書メチエ一三六）、講談社、一九九八年
全日本学生柔道連盟『学生柔道30年の歩み』毎日新聞社、一九八一年
大日本体育協会編『大日本体育協会史』全三巻、石川印刷所、一九四六年［復刻版、第一書房、一九八三年］
寺田　透『道の思想』（叢書身体の思想一）、創文社、一九七八年
中村民雄編著『史料近代剣道史』島津書房、一九八五年
中村民雄『剣道事典――技術と文化の歴史』島津書房、一九九四年
日本体育大学体育史研究室監修・解説『運動界』復刻版、大空社、一九八六年
橋本一夫『幻の東京オリンピック』（NHKブックス七〇九）、日本放送出版協会、一九九四年
二木謙一・入江康平・加藤寛編『日本史小百科武道』東京堂出版、一九九四年

牧野　登『史伝西郷四郎──姿三四郎の実像』島津書房、一九八三年
丸島隆雄『前田光世──世界柔道武者修業』島津書房、一九九七年
丸山三造編著『大日本柔道史』講道館、一九三九年〔復刻版、第一書房、一九八四年〕
水谷　豊『白夜のオリンピック──幻の大森兵蔵をもとめて』平凡社、一九八六年
溝口雄三「思想としての『道』」『道』（東京大学公開講座四八）、東京大学出版会、一九八八年
村田直樹『嘉納治五郎師範に學ぶ』日本武道館、二〇〇一年
山田　實『yawara 知られざる日本柔術の世界』ＢＡＢジャパン出版局、一九九七年
山本甲一『一つの戦後剣道史──渡辺敏雄一代記』島津書房、一九九八年
湯浅　晃『武道伝書を讀む』日本武道館、二〇〇一年
横田順彌『快絶壮遊〔天狗倶楽部〕──明治バンカラ交遊録』（江戸東京ライブラリー八）、教育出版、一九九九年
横山健堂『日本武道史』三省堂、一九四三年〔復刻版、島津書房、一九九一年〕
渡邉一郎先生古稀記念論集刊行会編『武道文化の研究』第一書房、一九九五年

Anderson, B., *Imagined Communities*, Verso, Revised ed., 1991.（白石さや・白石隆訳『増補・想像の共同体──ナショナリズムの起源と流行』ＮＴＴ出版、一九九七年）
Hancock, H. I. and K. Higashi, *The Complete Kano Jiu-Jitsu*（*Jiudo*）, G. P. Putnam's Sons, 1905.
Hobsbawm, E. and T. Ranger, eds., *The Invention of Tradition*, Cambridge University Press, 1983.（前川啓治・

梶原景昭他訳『創られた伝統』紀伊国屋書店、一九九二年）

Inoue, S., The Invention of the Martial Arts : Kanō Jigorō and Kōdōkan Judo, in Vlastos, S., ed., *Mirror of Modernity*, University of California Press, 1998.

Leonard, H. F. and K. Higashi, American Wrestling vs. Jujitsu, *Cosmopolitan*, May 1905.

Lindsay, T. and J. Kano, Jiujutsu : The Old Samurai Art of Fighting Without Weapons, *Transactions of the Asiatic Society of Japan*, Vol. XVI, 1889.

Svinth, J. R., Professor Yamashita Goes to Washington, *Aikido Journal*, 25 : 2, 1998.

著者紹介

一九三八年、宮城県に生まれる
一九六二年、京都大学文学部（社会学）卒業
大阪大学人間科学部教授、京都大学大学院文学研究科教授などを経て
現在、甲南女子大学人間科学部教授

主要著書
死にがいの喪失　遊びの社会学　悪夢の選択
スポーツと芸術の社会学

歴史文化ライブラリー
179

武道の誕生

二〇〇四年（平成十六）八月一日　第一刷発行

著　者　井《いの》上《うえ》　俊《しゅん》
発行者　林　英　男
発行所　株式会社 吉川弘文館
東京都文京区本郷七丁目二番八号
郵便番号一一三—〇〇三三
電話〇三—三八一三—九一五一〈代表〉
振替口座〇〇一〇〇—五—二四四
http://www.yoshikawa-k.co.jp/
印刷＝株式会社 平文社
製本＝ナショナル製本協同組合
装幀＝山崎　登

歴史文化ライブラリー

1996.10

刊行のことば

現今の日本および国際社会は、さまざまな面で大変動の時代を迎えておりますが、近づきつつある二十一世紀は人類史の到達点として、物質的な繁栄のみならず文化や自然・社会環境を謳歌できる平和な社会でなければなりません。しかしながら高度成長・技術革新にともなう急激な変貌は「自己本位な刹那主義」の風潮を生みだし、先人が築いてきた歴史や文化に学ぶ余裕もなく、いまだ明るい人類の将来が展望できていないようにも見えます。このような状況を踏まえ、よりよい二十一世紀社会を築くために、人類誕生から現在に至る「人類の遺産・教訓」としてのあらゆる分野の歴史と文化を「歴史文化ライブラリー」として刊行することといたしました。

小社は、安政四年(一八五七)の創業以来、一貫して歴史学を中心とした専門出版社として書籍を刊行しつづけてまいりました。その経験を生かし、学問成果にもとづいた本叢書を刊行し社会的要請に応えて行きたいと考えております。

現代は、マスメディアが発達した高度情報化社会といわれますが、私どもはあくまでも活字を主体とした出版こそ、ものの本質を考える基礎と信じ、本叢書をとおして社会に訴えてまいりたいと思います。これから生まれでる一冊一冊が、それぞれの読者を知的冒険の旅へと誘い、希望に満ちた人類の未来を構築する糧となれば幸いです。

吉川弘文館

〈オンデマンド版〉
武道の誕生

On Demand
歴史文化ライブラリー
179

2018年（平成30）10月1日　発行

著　者　井《いの》上《うえ》　俊《しゅん》
発行者　吉川道郎
発行所　株式会社　吉川弘文館
〒113-0033　東京都文京区本郷7丁目2番8号
TEL　03-3813-9151〈代表〉
URL　http://www.yoshikawa-k.co.jp/

印刷・製本　大日本印刷株式会社
装　幀　清水良洋・宮崎萌美

井上　俊（1938～）

ISBN978-4-642-75579-5